LETTRE

D'UN

FRANÇOIS

A UN

ANGLOIS,

SUR

LES MOYENS QUI ONT OPÉRÉ

LA

RÉVOLUTION DE *FRANCE*,

ET SUR

LES EFFETS QU'ELLE A PRODUITS.

Imprimée à *PARIS*:

Réimprimée à *LONDRES*,

Par T. SPILSBURY & FILS, Snow-hill,

Pour T. HOOKHAM, Nº 147, New, & Nº 15, Old Bond-
Street; & J. CARPENTER, Charles-Street,
Grosvenor-Square.

1791.

LETTRE

D'UN FRANÇOIS, &c.

10 *Juin* 1791.

JE n'ai point oublié, Monsieur, l'engagement que je pris avec vous, en partant la dernière fois que j'eus l'honneur de vous voir chez Milady***. Vous voulez entendre, ſur la Révolution de France, le récit d'un témoin oculaire, dont la fidélité vous eſt aſſurée, & pour lequel vous avez bien voulu concevoir quelque eſtime ; je me rends à vos déſirs.

Je ne diſcuterai point les Décrets de l'Aſſemblée Nationale ; ils ſont entre les mains de tout le monde : vous pouvez les rapprocher des principes établis par les plus célèbres Publiciſtes de l'Europe. Je me borne à vous tracer une hiſtoire fort abrégée des moyens employés pour opérer la Révolution, & des effets qu'elle a pro-

B

duits dans ce royaume. Elle fera bien imparfaite, & je fens à regret qu'il manquera bien des traits au tableau ; mais j'écris à la hâte, privé des notes que j'ai laiffées en arrière, & fans autre fecours que celui de ma mémoire. Dans la multitude d'événemens qui fe font paffés fous mes yeux, pendant le court efpace de deux années, fouvent les premières impreffions ont été détruites par des impreffions fuivantes ; j'ai conféquemment oublié quelques faits. Mais il en eft plufieurs (& ce font les feuls que je veuille vous rapporter) qui m'ont frappé plus profondément, & dont le fouvenir eft encore diftinctement préfent à ma penfée.

Au mois de Mai 1789, les Etats-généraux s'ouvrirent à Verfailles dans la forme antique du royaume. Le Tiers Etat, enflé de fa double repréfentation, s'indigna bientôt des barrières qui le féparoient des deux premiers Ordres, & s'agita pour les renverfer. J'affiftai fréquemment à fes féances lorfqu'il étoit encore ifolé. Aux déclamations véhémentes, aux attaques fougueufes que j'y entendis contre le Clergé & la Nobleffe, je compris fans peine que, fi le projet n'en étoit pas entièrement formé, l'opinion dominante tendoit à les fubjuguer l'un & l'autre ; & je prévis que, qu'ils fe laiſſoient entraîner dans la Chambre commune, elle deviendroit bientôt leur tombeau. Sans doute ils préſageoient ainſi eux-mêmes, puiſqu'ils réſiſtoient à toutes les inſtances, à tous les piéges qu'on leur tendoit. Les chefs de la Révolution, qui déjà s'étoient rapprochés, réſolurent d'arracher par la terreur, ce qu'ils ne pouvoient obtenir par des intrigues & des ſophiſmes. Ils comprirent qu'ils pouvoient dominer Verſailles par la Capitale, & que, pour remuer la Capitale à leur gré, il falloit d'abord y anéantir la force militaire, qui auroit arrêté leurs opérations, & enſuite ſe créer une force nouvelle en ſoulevant la multitude. Tel fut le plan, qui de Paris fut enſuite étendu à tout le royaume avec un ſuccès effrayant. On répandit donc parmi les Gardes Françoiſes l'argent, le vin, les calomnies : quelques ſoldats venoient de mourir ; on débita qu'ils avoient été empoiſonnés par leurs chefs ; on ajoutoit que les Officiers de chaque quartier avoient formé le complot de jeter du poiſon dans les chaudières ; & en même tems qu'on égaroit ces malheureux ſoldats par la défiance, on leur prodiguoit, dans les jardins du Palais-Royal, du vin, des liqueurs, & des filles. Je les ai moi-même obſervés des fenêtres d'un reſtaurateur, chez lequel la curioſité me conduiſoit quelquefois.

B 2

J'ai vu leur joie, leur ivreſſe, leurs danſes, qu'ils interrompoient de temps en temps pour entendre les harangues des motionnaires. Je ne puis vous dire combien ce ſpectacle attriſtoit mon âme, & quels ſiniſtres préſages il portoit à ma penſée.

Pendant qu'une partie des agens de la Révolution ſoulevoit ainſi le régiment des Gardes, d'autres travailloient avec·le même ſuccès à ſoulever le peuple de la Capitale : ils avoient dirigé principalement leurs manœuvres ſur l'immenſe fauxbourg St. Antoine, qui contient une multitude prodigieuſe d'ouvriers. Un des citoyens les plus humains, les plus généreux, fut choiſi pour première victime ; la calomnie arma contre le Sieur Réveillon ſes propres ouvriers : bientôt ils ravagèrent les atteliers qui les avoient fait vivre, & demandèrent la tête d'un maîtrè, qui, l'hiver précédent, les avoit nourris gratuitement près de trois mois, lorſque la rigueur exceſſive du froid interrompit tous les travaux. La révolte devint générale dans le Fauxbourg : les troupes furent commandées ; le peuple fit réſiſtance : diverſes décharges de fuſils renversèrent un grand nombre ſur la place. A la vue des canons, le reſte prit la ſuite en s'écriant, *Nous avons été trompés*. C'eſt qu'en effet on leur avoit dit

[5]

qu'ils pouvoient tout ofer, que les foldats ne tire-
roient pas contre eux. Le Sr. Corroller, membre
de l'Affemblée Nationale, déjeûnant un jour
chez M. Malouet, avoua, dans un heureux moment de franchife, que lui & plufieurs autres de
fes confrères, avoient foufflé la révolte dans les
atteliers du Sr. Réveillon. *Ab uno difce omnes.* (1)

Pour communiquer aux provinces l'efprit de
frénéfie qui agitoit déjà la capitale, on entretenoit
une correfpondance journalière dans les baillages.
Les chefs des Communes fe réfervoient dans le
cabinet la conduite des affaires, & l'honneur des
motions dans les féances publiques de leur
Chambre. Ceux à qui la nature avoit refufé le
don de la parole, & qu'elle avoit condamnés à
l'obfcurité, furent honorés du département des
calomnies pour les provinces ; & fuivant le zèle

____

(1) Voyez la procédure du Châtelet fur les forfaits du
6 Octobre. Je ne l'ai plus fous les yeux ; mais je me rappelle
que M. Taillardat de Maifon-neuve (depofit. 121) attefte
qu'au déjeûner de M. Malouet, le Sr. Coroller avoua que lui
& fes amis avoient foulevé le peuple contre Réveillon, contre
M. l'Archevêque de Paris ; qu'ils avoient eu le projet de faire
brûler le Palais Bourbon, & qu'il étoit membre d'un Comité,
feul établi pour corrompre l'armée.——Huit jours après le
déjeûner de M. Malouet, je favois l'aveu de M. Coroller.

qu'ils témoignoient, on les chargeoit encore
d'échauffer les cafés de Paris, & de haranguer le
peuple fur les tretaux du Palais-Royal. J'ai vu
la correfpondance de quelques-uns : on m'a fait
lire dans divers lieux du royaume les lettres qu'ils
avoient écrites à différentes époques, & je puis
vous certifier qu'ils fe font acquittés de leur emploi avec une conftance infatigable, & tout le
talent que la providence leur a départi. Ils commencèrent par répandre que le Clergé, la Nobleffe, étoient les ennemis du bien public. Ils
peignirent leur attachement à l'ancien droit du
royaume comme une opiniâtreté à repouffer les
moyens de falut propofés par le Tiers. Dès-lors
les deux premiers Ordres furent à la fois menacés
dans leurs propriétés en province, & dans leurs
perfonnes à Verfailles. On venoit d'y appeler
la populace, & ce n'étoit plus qu'à travers les
huées, les infultes, les menaces, qu'ils pouvoient
pénétrer dans leur Chambre particulière. Le
Clergé fur-tout étoit traité avec plus d'infolence.
M. le Cardinal de la Rochefoucault, & M. l'Archevêque de Paris furent chargés d'aller à Marly
prier le Roi de vouloir bien ordonner quelques
mefures qui affuraffent la liberté des opinions
dans les féances. Une démarche fi jufte, fi raifonnable, fut traveftie par les mêmes hommes qui

avoient mis le feu dans les atteliers de Réveillon
(2). On repréfenta M. l'Archevêque arrivant
à Marly avec des projets fanguinaires, tombant
aux genoux du Roi, un Crucifix de bois à la main,
& l'exhortant, au nom du Sauveur des hommes,
à faire maffacrer le peuple & fes fidèles repréfentans. L'ami des pauvres, l'ami de l'humanité,
le pieux Archevêque faillit à devenir victime de
cette atroce abfurdité. Son carroffe fut affailli
de pierres ; & fi un détachement de Gardes-du-
corps n'eût volé promptement à fon fecours, il
étoit lapidé.

Cependant l'audace alloit en croiffant, & les
menaces fe dirigeoient droit au Trône. La Famille
Royale, épouvantée, crut que, pour conjurer
l'orage, il falloit enfin déterminer la Nobleffe à
céder. Le Roi témoigna qu'il défiroit qu'elle fe
réunît avec le Clergé à la Chambre du Tiers.
M. le Comte d'Artois écrivit encore d'une manière plus preffante. La réunion s'effectua ; elle
étoit depuis long-temps annoncée comme le feul
moyen de falut pour la Nation : elle fut l'époque
de tous les défaftres.

Plufieurs Députés Nobles ou Eccléfiaftiques
fe rendirent dans leurs baillages pour obtenir de

---

(2) Voyez la Note ci-devant.

nouveaux mandats qui les autorifaffent à délibérer en commun. Ils trouvèrent qu'ils y avoient été précédés par des calomnies de toute efpèce. Plufieurs coururent les rifques de la vie. M. de Cazalès, à fon arrivée, fe vit enveloppé par une multitude de payfans, qui demandoient fa tête. C'eft lui, fe difoient-ils dans leur jargon, qui a confeillé au Roi de faire égorger les vieillards & les enfans ; ce fut à grande peine que, de l'impériale de la voiture, il parvint à obtenir un délai ; il eut befoin de toute fon éloquence pour perfuader qu'en fe conftituant prifonnier entre leurs mains ils feroient toujours à même de le pendre dans quinze jours, fi l'Affemblée jugeoit qu'il eût mérité la mort. Il écrivit de fa prifon à M. Necker, & à l'Affemblée, & ce ne fut guères qu'à la réponfe énergique du Miniftre qu'il dût la liberté & la vie. L'Abbé Maury courut auffi les plus grands dangers à Péronne ; il vit les fabres levés fur fa tête pendant une captivité de plufieurs jours ; & pour échapper à de nouvelles pourfuites, il fut obligé, en retournant à Verfailles, d'errer la nuit à travers les campagnes,

Trois femaines s'étoient à peine écoulées après ces événemens, que l'on méditoit de nouvelles fcènes dans la capitale. Le Palais Bourbon étoit marqué

marqué pour le pillage & l'incendie. La retraite inopinée de M. Necker le fauva des flammes. L'occafion parut favorable & décifive pour opérer un foulèvement; elle fut faifie. L'alarme fut auffitôt répandue dans Paris; tout étoit perdu: l'ami du peuple étoit chaffé; les Ariftocrates alloient dominer, leurs projets de fang éclateroient bientôt; l'armée raffemblée autour de Paris alloit le réduire en cendres : ces extravagances eurent un effet prodigieux. Le Dimanche au foir, dans le Palais-Royal, Camille Defmoulins prêche la révolte un piftolet à la main; les brigands accourent de toute part, fe répandent dans les divers quartiers, parcourent la capitale, font fermer les Spectacles, hurlent pendant la nuit, & reparoiffent plus nombreux au jour, armés de piques, de fabres, de couteaux, de fufils, de piftolets. Les citoyens tremblent pour leurs foyers, fe réuniffent précipitamment dans leurs diftricts, au bruit des tambours, au fon des tocfins de toutes les églifes; ils traitent tumultuairement de leur falut : des émiffaires de fang-froid fe préfentent au milieu d'eux, élèvent encore l'épouvante, & dirigent à leur gré la multitude.

Le Mardi matin, cent mille hommes fe portent à l'hôtel des Invalides, enfoncent les arfenaux,

& reviennent armés de fufils ; ils courent à la Baftille, dont les portes font furprifes ou livrées, entraînent le Gouverneur avec quelques malheu-reux Invalides, les immolent fur la place de Grêve, & avec eux M. de Fleifelles. Je ne vous parlerai point des cruautés effroyables commifes enfuite fur MM. de Foulon & Bertier; je ne vous repréfenterai point la tête fanglante du beau-père, offerte avec violence aux embraffemens de fon gendre, & enfuite placée fous fes pieds. Je ne vous repréfenterai point le peuple appelant fes victimes avec des hurlemens de bêtes féroces, fe jetant fur l'infortuné Bertier, arrachant fon cœur, & le dépofant tout palpitant fur la table de l'hôtel-de-ville, à la vue des Repréfentans de la Commune. La plume fe refufe à retracer ces fcènes de Cannibales.

Les mêmes hommes qui portoient fur des piques la tête des Launay, des Fleifelles, des Foulon, des Bertier, & traînoient en triomphe les tronçons de leur cadavre, avoient promené la veille les buftes de M. le Duc d'Orléans & de M. Necker. Tout ce que la reconnoiffance & l'enthoufiafme purent imaginer fut prodigué à M. d'Orléans ; tout ce que l'enfer peut forger de calomnies, fut répandu parmi le peuple contre la perſonne ſacrée du Roi & de la Reine. Tous les yeux, tous les ſentimens étoient fixés ſur le Prince ; toutes les bouches le combloient de bénédictions : ſes largeſſes, ſon amour pour le peuple, la pureté de ſon patriotiſme, étoient célébrés dans tous les quartiers ; il n'avoit plus qu'à ſe montrer, & certainement il étoit proclamé Souverain dans la capitale (3). On ne voyoit au contraire dans le Roi & la Reine que les ennemis de la Nation, que des tyrans altérés du ſang des François, & reſpirant la ruine & le carnage (4). La frayeur diſpoſe les eſprits à

---

(3) Le Comte de Mirabeau vouloit que M. le Duc d'Orléans ſe montrât à Paris le jour que le Roi ſe rendoit à l'hôtel-de-ville ; & comme il ne pouvoit perſuader au Prince de tenter cette démarche : " Quoi, Monſeigneur," lui dit-il en le quittant avec indignation, " le trône eſt à quatre lieues " de vous, & vous n'y marchez pas !... Il eſt donc écrit que " Mirabeau ne ſera jamais rien."

(4) Le jour de la priſe de la Baſtille, la portière de l'hôtel où je logeois, entre chez moi.—" Ah ! Monſieur, quelle abo- " mination ! aurions-nous pu le croire ?"—" Mais, qu'avez- " vous à m'annoncer ?"— " La Reine écrivoit à M. Delau- " nay de tenir ferme, qu'elle lui enverroit des ſecours, & que " *le plus beau jour de ſa vie ſeroit celui où elle laveroit ſes mains* " *dans le ſang des François.*"— " Calomnie ! impoſture !" lui criai-je ; " retirez-vous, vous me faites horreur !"...— " Non, Monſieur, c'eſt très-vrai, la lettre a été lue publique-

recevoir les plus grandes abſurdités. On fut généralement perſuadé à Paris que les troupes alloient faire le ſiége de la ville, la bombarder à boulets rouges, paſſer tous les habitans au fil de l'épée ; & on ne doutoit pas que le digne & vertueux Maréchal de Broglie (dont l'innocence a été depuis juridiquement reconnue au Châtelet) ne dût marcher à la tête de cet horrible expédition. Nuit & jour, des fanatiques parcouroient les rues annonçant, tantôt M. le Prince de Condé à la Barrière du Trône, tantôt M. le Comte d'Artois à la Barrière d'Enfer, avec trente mille hommes. D'autres publioient qu'on avoit vu les dragons s'enfoncer ſous les carrières

---

" ment dans le carrefour ; j'y étois, je l'ai entendue : on l'a " ſaiſie dans les paquets d'un poſtillon de la Reine."——— Je m'informai de ce fait, & j'appris qu'on avoit habillé un poſtillon à la livrée de la Reine ; qu'on l'avoit chargé de cette lettre ; qu'on l'avoit fait arriver par le chemin de Verſailles, en le prévenant qu'il ſeroit arrêté dans telle rue, qu'on lui demanderoit ſes paquets, qu'il réſiſteroit juſqu'à la dernière extrémité. Le poſtillon arrive, paſſe dans le quartier convenu, eſt arrêté, veut ſe défendre, eſt menacé de la mort, & livre ſes paquets : on ouvre, & on fait lecture de la lettre au peuple.——— Peuple malheureux ! non, tu n'es pas coupable ; ce ſont les monſtres qui t'égarent, qui méritent tous les ſupplices de l'enfer.

de Paris, & qu'ils apparoîtroient tout-à-coup dans les rues; d'autres affuroient que les carrières étoient chargées de poudre, & que les fauxbourgs St. Jacques & St. Germain, fauteroient d'un inftant à l'autre (5). Pour accréditer ces alarmes, on dépavoit les rues, on y pratiquoit des foffés, des retranchemens; on mettoit les voitures en travers; on portoit les pavés au cinquième étage, pour écrafer la cavalerie au moment où elle alloit paroître. Les foibles habitans de Paris croyoient à toutes ces impoftures, comme, au temps de Cromwell, le peuple de Londres fe laiffa perfuader que les Royaliftes avoient miné la Tamife pour faire fauter la rivière,

---

(5) Les mêmes impoftures fe répandoient à Verfailles; on avoit, difoit-on, pratiqué un fouterrain, des écuries de M. le Comte d'Artois à l'Affemblée Nationale; les poudres étoient difpofées pour faire fauter les Députés. Il fe difoit publiquement alors, qu'un Député trompé lui-même, ou voulant en tromper d'autres, avoit ramaffé une poignée de terre au-deffus de la mine, & qu'en la préfentant à fes voifins, il s'étoit écrié : " Ne trouvez-vous pas qu'elle fente la poudre " à canon ?" Vous rirez de cette anecdote, parce que vous êtes de fang-froid, & loin de la fcène ; mais vous n'imaginez pas les terribles effets que produifent ces abfurdités fur l'imagination du peuple, dans les temps de fermentation & d'alarme.

& noyer tous les Puritains à la fois. Fatigués, froiſſés d'anxiétés & d'alarmes, les aveugles Pariſiens s'attachoient davantage aux auteurs de tous leurs maux, & dans leur injuſte fureur ils n'en accuſoient que le Roi, la Reine, le Clergé, la Nobleſſe, & tout ce qu'ils appeloient alors les *Ariſtocrates*. C'eſt au milieu de tant de troubles & de dangers, que le Roi réſolut de paroître dans ſa capitale, pour lui redonner la paix, & reconquérir des cœurs, qu'aſſurément il n'avoit jamais mérité de perdre. Sa réſolution priſe, il s'enferma dans ſon cabinet, vit ſon confeſſeur, paſſa la nuit à régler ſes dernières diſpoſitions. Le lendemain il ſe préſenta à tout un peuple en révolte, entendit de ſon carroſſe défendre à ſes ſujets de crier *Vive le Roi*; traverſa la ville dans un morne ſilence; vit les piques de la populace ſe croiſer ſur ſa tête, au ſortir de ſon équipage; & marcha ſous une voûte de fer pour monter à l'hôtel-de-ville. Le Ciel protégea ſa tête auguſte & ſacrée, puiſqu'au milieu de tant de ſcélérats & de frénétiques, il ne ſe trouva pas un aſſaſſin.

Voici le trait qui marqua, dans cette époque, le caractère hypocrite & malfaiſant des chefs de la Révolution. Des hommes qui s'honorent de leur incrédulité; des hommes qui avoient tout

le secret des complots imaginaires, provoquent des prières publiques, des processions solemnelles, pour rendre grâce à Dieu de la délivrance de Paris, & remercier Ste Géneviève d'une protection qu'elle n'avoit eu nul sujet d'accorder. Je les ai vues, ces processions, qui se font succédées plusieurs jours. A la tête, marchoient des bandes de jeunes personnes, parées de vêtemens blancs, symboles de leur candeur, de leur innocence. Je me disois, dans l'amertume de mon âme, " Est-ce ainsi que l'on se joue de la crédu-
" lité humaine ? Est-ce ainsi que l'on abuse de
" la tendre & simple piété de ces jeunes créa-
" tures ? Et faut-il que, pour accréditer des
" dangers supposés, des conspirations chimé-
" riques, on ose ainsi associer la Religion à ses
" propres impostures ?"

Vingt mille lettres publièrent bientôt dans le royaume les prétendus complots contre la capitale. Ceux qui les avoient forgés, ceux qui de bonnefoi les avoient crus, les retracèrent avec effroi ; parlèrent de l'armée, & de ses horribles projets, avec le langage de la vérité, de la terreur : ils se disoient encore environnés de conspirations & d'ennemis, à peine échappés au fer, à la flamme, par la protection visible du Ciel, & par le courage, la vigilance des vertueux Patriotes de l'Affemblée Nationale. Paris égaré, perfuadé, égara, perfuada les provinces ; le peuple des villes & des campagnes accrut en haine, en déteftation, contre la Nobleffe & le Clergé.

Encouragés par les difpofitions qu'ils réuffiffoient à faire naître dans le royaume, & la confiance qu'on leur prodiguoit, les chefs de la Révolution réfolurent de pouffer leurs projets avec plus de vigueur encore, & de fe rendre entièrement les maîtres. Ils s'avifèrent d'un ftratagème qui réuffit au-delà fans doute de leur attente. J'ignore précifément celui auquel eft due la gloire de cette conception (7). Quel qu'il foit,

---

(7) Vers l'époque dont je parle, une femme de caractère fe trouvant incommodée dans une des tribunes de l'Affemblée Nationale, defcendit au café du côté de la rue du grand chantier. Près de la table où elle alla fe placer, étoit affis un Député, & vis-à-vis de lui M. le Comte de Mirabeau, la tête appuyée fur fa main, & comme plongé dans une rêverie profonde. Il en fortit tout-à-coup par ces mots : " Non, il n'y a plus d'autre moyen ; il faut abfolument en " venir à la journée des couteaux."—" Monfieur," répondit cette Dame avec vivacité, " l'homme qui a pu tenir un " pareil propos, mériteroit bien d'être la première victime " de cette horrible journée." Cette femme étoit la Marquife de la R...y ; & c'eft elle-même qui, quelque temps en fuite, me raconta cette anecdote, dont je n'ai pas retenu la date précife.

foit, il a bien connu les hommes; il a bien fu calculer les progrès de la terreur. Au même jour, au 28 Juillet, de Bréft à Strafbourg, de Dunkerque à Perpignan, il fe répandit une alarme uniforme & générale. Des hommes arrivoient au galop, criant fur les routes, dans les villes, dans les villages : " Tenez-vous fur vos gardes; les " brigands ravagent les campagnes; dans deux " heures ils font à vos portes : foyez prêts; il n'y " a pas un inftant à perdre." Peignez-vous les cris des femmes, des enfans, des vieillards; les clameurs des citoyens mêlés à l'effroi des tocfins, de la générale : les uns emportant au dehors leurs effets les plus précieux; les autres arrachant les malades de leur lit, les expofant dans les champs à toute la rigueur de l'air, pour les enlever au fer des affaffins; & tous ceux qui étoient appelés à la défenfe commune, fortant en tumulte de la ville, & cherchant des poftes avantageux pour recevoir les ennemis. L'alarme ne tarda pas de fe communiquer dans les campagnes; les premiers villages avertis, donnèrent au fon de leurs cloches le fignal du danger : les voifins le répétèrent, & de proche en proche l'épouvante s'étendit fur la furface du royaume. Les malheureux payfans, effrayés pour leurs voifins, fe levoient à la hâte au milieu de la nuit, prenoient

D

des armes ; & dans la confufion de plufieurs tocfins, ne fachant où étoit le danger, le cherchant
par-tout, couroient çà & là dans les ténèbres, à
la rencontre l'un de l'autre, pour fe porter des
fecours mutuels. Le lendemain, l'étonnement
fut fans doute extrême, lorfqu'au jour on n'appercevoit point d'ennemis, & qu'on apprenoit
que rien n'avoit paru dans le voifinage. Mais
l'effet étoit produit ; le royaume fe trouva tout-
à-coup en armes.——— Auffi-tôt l'avis fut donné
à tous les *Comités permanens*, qui venoient de
s'élever dans les provinces à l'exemple de la
capitale, d'enrégimenter promptement les citoyens pour la défenfe de leurs foyers ; & ce fut
par ce ftratagème, que, fur le modèle des Gardes
nationales Parifiennes, il s'établit dans les villes
& les campagnes une milice nationale compofée
d'un million d'hommes, dont les uns s'armoient
pour troubler la patrie, & la dominer ; d'autres,
& en plus grand nombre, je penfe, dans la vue
d'y maintenir la fureté, l'ordre, & la tranquillité.

Mais l'armée reftoit alors fidèle au Roi ; feule
elle pouvoit encore foutenir le Trône, s'oppofer
aux projets qui menaçoient la Monarchie, &
forcer les rebelles à l'obéiffance, à la paix. On
jugea la poffibilité de la diffoudre en l'attaquant

dans les principes qui conftituent fa force, c'eft-à-dire, dans la fubordination & la difcipline militaire. Un Comité fecret fe forma à Verfailles, des Députés les plus zélés, les plus entreprenans (8). Ce Comité eut bientôt fes agens, fes émiffaires, fa correfpondance ; & on ne peut qu'admirer fa patience infatigable à attaquer les régimens un à un ; la fécondité, la richeffe de fes moyens à leur prodiguer l'or, les pamphlets, les calomnies ; fon courage à fupporter la honte de trouver des Corps entiers inacceffibles à toute efpèce de féduction. Mais enfin le Comité triompha du plus grand nombre, & eut la trifte fatisfaction d'arracher, au moins pour un temps, aux malheureux foldats, l'attachement pour leurs officiers, l'amour pour le Roi, & la fidélité jurée.

Ce fut alors que le royaume commença de tomber véritablement en diffolution ; ce fut alors qu'à la voix des fcélérats on vit fe former dans les provinces des bandes formidables de brigands, qui parcouroient les campagnes le fer & la torche à la main ; ce fut alors qu'on fabriqua & que l'on répandit des ordres, imprimés au nom du

---

(8) Voyez la première Note.

Roi, qui commandoient aux habitans des villages
de dévaſter les poſſeſſions de leurs Seigneurs (9).
Je ne puis contenir mon indignation, quand je
ſonge que les factieux ont eu le front de dire
dans la tribune, & de répéter dans les journaux,
que les gentilshommes ſeuls étoient coupables de
ces excès ; qu'eux-mêmes avoient appelé les
brigands, aiguiſé les poignards, allumé les torches
dirigées contre leurs propres habitations, contre
leurs femmes, leurs enfans, leurs propres per-
ſonnes. Il n'étoit pas un ſeul homme raiſonnable,
connoiſſant les perſonnages, qui ne vît claire-
ment d'où étoient partis les conſeils incendiaires
& meurtriers. Les exécutions ſe firent dans le
même temps, en diverſes parties du royaume :
donc elles provenoient d'une ſource commune,
d'un centre unique, qu'on n'auroit pu trouver
ailleurs qu'au ſein de l'Aſſemblée Nationale.
Quelquefois, quand on ſollicitoit ſon attention
pour lui faire entendre le récit des cruautés exercées contre la Nobleſſe ; elle répondoit froide-

---

(9) Il eſt à remarquer que les poſſeſſions eccléſiaſtiques
furent plus épargnées, quoiqu'elles offriſſent une proie plus
facile, plus riche. Il ſemble qu'on ſongea dès-lors à conſerver des propriétés ſur leſquelles on avoit des projets d'inva-
ſion.

ment,qu'elle n'avoit pas le temps de s'occuper des affaires de province : quelquefois, après les avoir écoutées avec indifférence, & lorfqu'on propofoit de décréter des mefures pour arrêter le cours de tant de forfaits, elle décrétoit, de reprendre le travail de la Conftitution. Voilà ce que j'ai vu & entendu dans vingt féances. Un jour, furtout, (ce fouvenir eft bien préfent à mon efprit,) on dénonça des placards incendiaires affichés en Alface ; on fe nommoit à l'oreille les auteurs de ces indignités, les Srs Rewbell & Lavie. L'un d'eux, le Sieur Lavie, eut le front de paroître à la tribune, & d'avouer qu'en effet les affiches avoient été calquées fur une lettre qu'il avoit écrite. On demanda la communication des affiches : il balbutia quelques mots infignifians pour fa défenfe. Les affiches ! les affiches ! difoit-on. Jamais il ne fut poffible d'en obtenir lecture. Le parti dominant entra dans une chaleur fraternelle, s'agita avec tant de tumulte, d'acharnement, & de fureur, qu'il fut décrété qu'il n'y avoit lieu à délibérer. N'eft-ce point là trahir fa complicité ? Si le parti révolutionnaire avoit été étranger aux horreurs qui fe commettoient dans les provinces, ne les auroient-ils pas réprimées ? La juftice, l'humanité, n'en faifoient-elles point la loi ? Enfin, la majorité s'eft conduite comme elle devoit le faire, fi elle avoit provoqué les incendies, dicté les profcriptions. Donc, elle en eft convaincue. (10)

Tant de ravages, tant de cruautés exercées, & qui fembloient menacer la Nobleffe entière, devoient difpofer les efprits aux plus grands facrifices, pour obtenir la paix & la fureté. Les factieux crurent avoir fuffifamment préparé la renonciation de la Nobleffe à la plupart de fes droits. Ils la défiroient ardemment, parce qu'ils

---

(10) Dans un groupe de Députés qui parloient des brûlemens de Châteaux, & des atrocités qui fe commettoient dans les provinces, M. l'Abbé Sieyes dit qu'il ne falloit pas arrêter ces défaftres : " Ne voyez-vous pas que le moyen le " plus puiffant que vous ayez, eft la terreur ? N'allez pas " le laiffer échapper de vos mains." Ce propos fut bientôt public dans l'Affemblée ; & je l'entendis raconter par plufieurs Députés.

On a eu dans divers endroits communication de lettres écrites par des Députés, pour exhorter à brûler les châteaux. Ce fait m'eft connu, notamment pour la Franche-Comté & la Lorraine. On a tiré des copies de ces lettres. Deux lettres originales ont été envoyées à M. l'Evêque de Nancy par un Curé de fon diocèfe ; mais elles étoient fans fignature : elles avoient le double avantage de produire leur effet, & de ne laiffer aucune prife à la juftice.

fentoient qu'elle flatteroit le peuple, & l'atta-
cheroit à la Révolution par intérêt. Cette renonciation fut furprife dans la fameufe nuit du
4 Août, fi juftement appelée depuis, *la foirée des
dupes*. J'y affiftai jufqu'à une heure après minuit.
Je vis un gentilhomme, qui ne poffédoit guères
que des grâces de la Cour, propofer d'adoucir le
peuple en lui abandonnant les droits féodaux.
Un Duc, qui avoit befoin de devenir populaire,
offrit de modifier la dîme eccléfiaftique ; un
Evêque, demander l'abolition du droit de chaffe ;
les Députés des Communes, fidèles au ferment
prêté dans leurs bailliages, dépofer tour-à-tour,
fur le bureau, la renonciation aux franchifes, aux
priviléges, qu'ils avoient juré de maintenir ; &
pour couronner, confacrer à jamais de fi éton-
nantes merveilles, le Duc de Liancourt voter une
médaille, le pieux Archevêque de Paris, un *Te
Deum* national, & le généreux, le fenfible Lally,
proclamer Louis XVI Reftaurateur de la Liberté.
Je ne crois pas qu'il y ait d'exemple d'un enthoufiafme femblable. A l'exception d'un petit nombre de Sages, qui calculoient froidement les
fuites d'une générofité fi précipitée (11), tous

---

(11) Un Député, qui joignoit la gaieté à la fageffe, dit à
fes voifins : " Meffieurs, je fuis d'avis que vous faffiez prier

applaudiſſoient à chaque preuve de déſintéreſſe-
ment, & s'animoient à l'envi l'un de l'autre à de
nouveaux ſacrifices, par des cris de joie & des
battemens de mains. Ainſi ſe paſſa cette nuit du
4 Août, dont vous avez entendu parler ; mais ce
que vous ignorez, c'eſt qu'elle avoit été froidement méditée. J'ai vu, j'ai lu la lettre qu'écrivit
alors à ſes correſpondans, un Député fort obſcur,
mais que ſon zèle féroce pour la Révolution
avoit fait initier aux myſtères : il mandoit poſi-
tivement, qu'on étoit convenu en Comité ſecret,
de piquer la généroſité de la Nobleſſe, & de
provoquer une renonciation volontaire de ſes
droits, en excitant une ſorte d'enthouſiaſme &
de magie ; que les rôles avoient été diſtribués,
& que la ſcène avoit réuſſi avec plus de ſuccès
qu'on n'eût oſé l'eſpérer. Si cette ruſe n'eſt pas
tout-à-fait innocente, du moins vous ne la jugerez
pas très - coupable. Je voudrois n'avoir pas
d'autre reproche à leur faire. Mais ce que vous
trouverez ſouverainement odieux, c'eſt qu'au lieu
de répondre à tant de généroſité, ils traitèrent
ces abandons volontaires comme de véritables
conquêtes,

" les Dames de vouloir bien ſe retirer des tribunes ; car,
" au train dont vous y allez, nous donnerons bientôt nos
" culottes."

conquêtes, & qu'ils leur donnèrent une extenſion oppreſſive & ruineuſe. Les hommes honnêtes & juſtes, parmi les Membres du Tiers, ſentirent l'indignité d'un pareil procédé, & voulurent s'y oppoſer. M. Mounier, entre autres, fit des efforts honorables, mais inutiles.

A la tête de leur Conſtitution, les Etats Unis avoient placé une Déclaration des Droits de l'Homme: l'Aſſemblée voulut imiter cet exemple. Mais les Américains, fatigués d'une guerre opiniâtre, n'aſpirant qu'au rétabliſſement de l'ordre, au repos, reçurent la déclaration des Droits avec une ſorte d'indifférence. Les François, diſpoſés à la révolte, ayant déjà ſecoué le joug des loix, ſe prévalurent des Droits qu'on leur montroit. Dès ce moment, toutes les diſtinctions ſociales diſparurent à leurs yeux, ou, plutôt, leur devinrent inſurportables; & comme s'ils avoient cherché à ſe dédommager des égards, du reſpect qu'ils avoient juſques-là témoigné à la Nobleſſe, ils s'acharnèrent déſormais à l'inſulter; ils briſèrent avec violence tout ce qui rappeloit ſes diſtinctions honorifiques, & ſe crurent légalement autoriſés aux pillages, aux incendies, aux maſſacres. Si nos Légiſlateurs ne prévirent point ces ſuites funeſtes, on ne ſauroit les diſculper d'une imprudence extrême. Mais peut-on ſe

E

refufer à croire qu'ils aient voulu attirer le peuple à leur parti, en careffant fa vanité, en flattant fes paffions, puifque, malgré les conféquences apperçues, développées par les Sages de l'Affemblée, ils ne fe font pas moins opiniâtrés à publier une déclaration des droits ? Peut-on fe refufer à penfer que, femblables à d'aveugles précepteurs, qui abandonnent leurs élèves à tous leurs caprices, fans jamais les rappeler à leurs obligations, ils n'aient pas voulu plaire au peuple en le portant à la licence, puifqu'ils ont conftamment refufé de placer une déclaration des Devoirs à côté de celle des Droits ? S'ils ne vouloient pas le défordre, pourquoi ne le réprimèrent-ils point depuis ? Pourquoi ont - ils toujours cherché depuis, à excufer les violences, les injuftices ? Pourquoi ont-ils fi fouvent répété, " *C'eft une erreur du bon peuple ?* Pourquoi les brigands qui avoient incendié les propriétés, ont-ils été élargis par ordre de l'Affemblée ? Elle a fini, je le fais, par décréter que les Municipalités feroient refponfables ; mais depuis, cent châteaux ont été pillés, ravagés ; mille citoyens paifibles ont été bleffés dans leurs propriétés, dans leur perfonne ; plufieurs ont été maffacrés : qu'on me montre les Municipalités qui ont répondu de ces dégâts, réparé les injuftices, & vengé les cruautés. Qu'on me dife quel tribunal eût ofé recevoir ma plainte contre une Municipalité. A quoi donc se réduit la volonté de protéger, lorsque les malfaicteurs sont accueillis, & que l'opprimé reste toujours sans appui ?

Ceux des trois Ordres qui désiroient un gouvernement raisonnable, & non pas le bouleversement de l'Etat, comprirent qu'il falloit enfin opposer une digue puissante à cette manie régénératrice, qui menaçoit d'envahir tous les pouvoirs, d'engloutir toutes les propriétés, & de confondre tous les rangs sous les débris de la Monarchie. Ils commencèrent de se rapprocher & de s'entendre (1): l'autorité passa de leur côté. Ils composoient les Comités, nommoient le Président, les Secrétaires, faisoient les décisions de l'Assemblée. Le Comte de Mirabeau s'indigna bientôt de l'impuissance où il se voyoit réduit avec ses partisans. Il agita son génie fécond & malfaisant pour ressaisir l'autorité. Sa première démarche fut d'envoyer au Président, par un Huissier, un Billet à-peu-près conçu dans ces mots : " Monsieur le Président, 400 personnes " fatiguées de la tyrannie des 800, vous prévien-

---

(12) Ils venoient de choisir un local à Versailles, & ils y alloient s'y réunir en *Club*, au moment où le Roi & l'Assemblée furent entraînés à Paris.

“ nent qu’elles prendront des mefures efficaces
“ pour s’y fouftraire, & que le plus doux de leurs
“ moyens fera de les dénoncer au peuple.” Au lieu
de dénoncer fur-le-champ cette infolente menace
à l’Affemblée, qui pouvoit alors la réprimer,
M. de Clermont-Tonnerre eut la foibleffe de
remettre ce billet à un Comité, qui jugea à propos de garder le filence.

Cependant M. de Mirabeau faifoit de fréquens
voyages à Paris ; fes amis, ou plutôt fes com-
plices & fes agens, s’y raffembloient autour de
lui ; il les échauffoit, leur traçoit des plans de
conduite. Bientôt les cafés de la capitale furent
mis en mouvement : le Palais-Royal devint le
rendez-vous général ; on y propofe de marcher
à Verfailles, pour foutenir le parti de ce qu’on
appeloit les Patriotes. Le Marquis de St. Hu-
ruge obtient l’honneur de commander l’armée
des Volontaires : il a l’audace d’écrire au Préfident, qu’il va fe rendre, à la tête de 15,000
hommes, auprès de l’Affemblée, pour lui apprendre fon devoir. Il marchoit en effet le lendemain.
M. de la Fayette parvint heureufement à diffiper
cette nuée de fanatiques. Il avoit prévenu le
Miniftère fans le raffurer : en promettant de s’oppofer il n’avoit pas témoigné une grande confiance
dans fes moyens. Il n’y avoit que la préfence

d'une armée qui pût couvrir l'Assemblée & le Roi, & empêcher efficacement que Paris ne se portât sur Versailles. La Cour l'avoit bien compris lors du rassemblement des troupes autour de la capitale ; mais èlle avoit été forcée de les renvoyer. En les faisant reparoître, elle craignit que les mêmes clameurs, les mêmes séditions ne l'obligeaffent bientôt encore au même renvoi. On se borna donc à fortifier la garnison de Versailles par 200 dragons, & ensuite par le régiment de Flandres. Ces mesures trop foibles irritèrent les factieux, sans les contenir : elles ne servirent qu'à leur ménager de nouveaux triomphes, & à leur inspirer ainsi plus d'audace. Le repas d'usage que donnèrent MM. les Gardes-du-corps, devint le sujet des plus indignes calomnies, & le prétexte d'un soulèvement qui couvroit d'horribles complots. On traita d'orgie un repas honoré de la présence du Monarque : on publia que l'Assemblée y avoit été insultée, & la cocarde nationale foulée sous les pieds. Ces assertions, affirmées dans la tribune par quelques Députés, contre la conscience intime que la proximité, la publicité de la scène avoit dû leur donner nécessairement, acquirent une entière certitude dans l'esprit du peuple de la capitale. Il n'étoit que trop bien préparé à croire tout ce qu'on lui raconteroit de ceux qu'on lui peignoit comme ſes mortels ennemis. Depuis quelque temps les factieux entretenoient une diſette artificielle, en arrêtant la circulation des grains, en ſuſpendant l'activité des moulins, & même en faiſant précipiter de nuit, dans la rivière, une quantité conſidérable de pain (13). Le peuple, alarmé ſur ſa ſubſiſtance, cherchoit d'un œil farouche les auteurs de ſes maux. Les factieux lui montrèrent le Clergé & la Nobleſſe, rejetèrent ſur ces deux victimes le crime d'une famine qu'eux ſeuls avoient eu intérêt de faire naître. Ils ajoutèrent que la préſence du Roi au milieu d'eux pouvoit ſeule aſſurer leurs ſubſiſtances, & qu'à la ſuite du Monarque l'abondance reparoî-troit dans la capitale (14). A cette puiſſante exhortation, ils joignirent les impoſtures forgées ſur le repas des Gardes-du-corps, échauffèrent le peuple à force de calomnies, & le provoquèrent à tirer lui-même une réparation éclatante des outrages qui ne lui avoient pas été faits. Ce fut ainſi que la crainte de la famine, & la ſoif de la

––––––––––––––––––––

(13) Je n'ai pas vérifié par mes yeux ce dernier fait ; mais on diſoit alors publiquement qu'on avoit trouvé des amas de pain dans les filets de St. Cloud : ce bruit n'étoit contredit de perſonne.

(14) Elle revint en effet : donc elle n'avoit été ſuſpendue que par ceux qui vouloient attirer le Roi dans Paris ; & certes ce n'étoit ni le Clergé, ni la Nobleſſe.

[31]

vengeance, jetèrent la Capitale dans les plus
terribles convulfions, jufqu'à ce qu'enfin, le
5 Octobre, Paris n'en pouvant plus, fe foulève à
la fois, & vomit contre le Trône, la maffe infecte
& corrrompue qui avoit fermenté dans fon fein.
Je vous épargne ici le récit de cette journée, la
plus épouvantable dont les annales de notre hiftoire faffent mention (15), de cette journée char-
gée de mille forfaits, qui crient encore vengeance,
& qui, avec notre déshonneur, porteront l'épouvante à la poftérité la plus reculée. J'ofai du
moins efpérer alors que les provinces, fi tous les
fentimens n'étoient pas encore éteints dans le
cœur des François, entreroient contre la capitale
dans une noble & fainte indignation : j'ofai penfer qu'elles fe fouleveroient contre l'efclavage de
leur Roi, indignement arraché de fon palais,

---

(15) Voyez le Recueil des dépofitions fur le 6 Octobre,
M. Mounier, M. Burke, l'auteur des forfaits du 6 Octobre,
en 2 volumes, &c. Le lendemain de l'arrivée du Roi à Paris,
j'entendis le peuple, dans les rues, s'abandonner, contre la
Reine, à des propos qui faifoient frémir. " Elle a dit,
" cette abominable femme," ajoutoient-ils en s'animant,
" qu'elle fe confoleroit d'être enfermée dans Paris, pourvu
" que fa prifon fût conftruite avec les os des François.".....
C'eft en prêtant à la Reine, c'eft en répandant d'auffi
abfurdes atrocités, qu'on en provoquoit de réelles contre fa
perfonne malheureufe & facrée.

traîné par fes fujets, & précédé par les têtes fanglantes de fes Gardes fidelles, qui, martyrs de l'obéiffance à fes ordres, s'étoient laiffés maffacrer fur les degrés du Trône. Mais il femble que les provinces foient deftinées à n'être jamais que le jouet de la capitale. Elles furent inondées de relations menfongères : les Députés, dans leur correfpondance particulière ; les Journaliftes, dans leurs feuilles publiques, firent retentir dans le Royaume, *Que le Vaiffeau de l'Etat alloit voguer plus rapidement vers le port*, au moment où il alloit fe perdre dans le gouffre de la corruption, & entraîner avec lui la Nation entière dans un abyme de malheurs, dont il eft impoffible de fonder la profondeur, & de mefurer l'étendue.

Je n'ai plus à vous parler de Verfailles. Je fixerai déformais vos yeux fur la capitale, qui, après avoir afServi les Repréfentans du peuple, & donné des fers à fon Roi, dicte, en fouveraine, fes lois à tout l'Empire. Vous avez connu Paris avant la Révolution ; vous favez qu'il étoit le centre du libertinage, de l'impiété, de tous les crimes, comme de tous les vices. Ceux qui étoient perdus de dettes, ou dominés par l'ambition de gouverner, par l'envie de partager l'autorité, ou animés par la vengeance, ou pouffés par la foif de l'or & de l'argent, ou exaltés par

des

des idées de liberté & d'indépendance ; Athées, Déiftes, Juifs, Comédiens, Moines défroqués, Prêtres apoftats, avides & méprifables agioteurs, jeunes enthoufiaftes, écrivains licencieux, journaliftes incendiaires, cette multitude d'hommes ennemis du repos, amis des troubles & du défordre, fe rallia au parti dominant de l'Affemblée Nationale ; & de la coalition de ces élémens corrupteurs & corrompus, fortit cette ligne formidable connue fous le nom de *Club des Jacobins*. Ce Club a fon Préfident, fes officiers, fes féances journalières, fes regiftres, fes Comités fecrets, fes journaliftes, fes efpions, fes émiffaires dans le royaume & chez l'étranger. Il fraternife avec le club de 1789, avec le club central des huit mille, établi pour la propagation des droits de l'homme fur toute la terre. Il a fu attirer à lui une partie confidérable des Gardes Parifiennes ; il a convoqué de plus une armée de malfaicteurs, ou d'artifans défœuvrés, connus fous le nom des *fans-culotte*, qu'il entretient, à grands frais, à la charge du tréfor public, dont il difpofe à fon gré (16). Telle eft fa compofition, & fa force

---

(16) A Vitteau près de Dijon, vers la fin de Septembre 1790, on en vit repaffer un grand nombre, qui regagnoient la capitale ; on leur demanda ce qu'ils alloient y faire, & comment ils pouvoient fournir aux frais d'un fi long voyage ?

intérieure dans la capitale : fon action n'eft pas moins fure aux extrémités du royaume ; elle s'y propage par trois cents clubs affiliés, dont l'influence eft d'autant plus funefte, qu'elle eft plus immédiate fur la généralité du peuple.

Il importe que vous connoiffiez le mouvement de cette monftrueufe machine à trois cents têtes, à cent mille bras, créée pour la fubverfion du royaume. Une motion fe concerte entre les chefs, fe propofe à la fociété, & fe rédige en décret préparatoire, qui du Club paffe à l'Affemblée Nationale. Il eft bien rare, qu'après l'approbation des Jacobins, il n'obtienne pas celle de nos Repréfentans ; car fi la majorité paroît incertaine, on répand les *fans-culotte* autour de la falle &

Ils répondirent qu'ils étoient rappelés ; que l'argent ne leur manquoit pas ; qu'à la fortie de certaines villes, ils trouvoient toujours des perfonnes qui leur en diftribuoient.

Plus récemment, en Champagne, un artifan revenant de Paris, paffoit dans un village où il étoit connu : on lui demanda ce qu'il avoit pu faire fi long-temps à Paris, où les ouvriers ne trouvoient plus à travailler. " Il eft vrai," répondit-il naïvement, " les ouvrages y ont ceffé : mais à " défaut de travail, j'ai été placé dans les infurrections. " Les jours d'émeute je recevois 6 liv., & mon père 3 liv. " parce qu'il étoit moins fort que moi." Cette anecdote eft vraie, mot pour mot.

dans les tribunes, pour intimider par leurs clameurs, & forcer les fuffrages (17) ; c'eft par les
fans-culotte qu'ont été arrachés tous les Décrets
deftructeurs de la Monarchie, de la Nobleffe, de
l'Eglife, de nos Finances, de notre Armée, de
notre Marine, de nos Colonies. Ce font les *fans-
culotte* qui ont pourfuivi la minorité réunie aux
Capucins, & qui ont été plufieurs fois déchaînés
contre le Club monarchique, dont on prenoit
ombrage. Ce font les *fans-culotte* qui ont ravagé
l'Hôtel de M. de Caftries, en préfence des Gardes
nationales, parce qu'en demandant raifon d'une
infulte reçue, il avoit été affez heureux pour blef-
fer fon adverfaire *Jacobite*. Ce font les *fans-culotte* qui, rentrant le 6 Octobre, victorieux dans
la capitale, hurloient ces mots épouvantables,
" *Les Evêques à la lanterne, tous les calotins à*
" *la lanterne* ; qui plufieurs fois fur la terraffe des

---

(17) Il eft connu que plufieurs Députés difoient franche-
ment : " Si on opine par *affis & levé*, je ferai de tel avis ;
" fi on opine par appel nominal, je ferai de tel autre." Il
n'eft pas donné à tous les hommes de furmonter les terreurs
de la mort.

Un jour, je ne fais comment, les tribunes s'endormirent,
& ne répondoient point aux fignaux du côté gauche. Quelques Députés leur jetèrent des billets avec ces mots :
" Mais, criez donc ; mais, criez donc." Un ou deux de ces
billets retombèrent dans l'intérieur de la Salle.

Feuillans, répondant à leurs chefs, dont ils étoient entendus, ont demandé à grands cris la tête des Miniſtres, de M. la Fayette, de M. Bailli ; qui tant de fois ont outragé, menacé d'une mort prochaine les intrépides défenſeurs de la Monarchie(18) ; & qui, dans leur délire, méconnoiſſant le Comte de Mirabeau lui-même, voulurent un jour le mettre à mort, comme des animaux ſauvages, qui, ayant acquis toute leur férocité avec leurs forces, ſe jettent ſur leur père, & déchirent ſes entrailles. Ce ſont les *ſans-culotte* qui ont fait ſubir à des Vierges Religieuſes des outrages plus cruels que la mort, qui perſécutent les Prêtres Catholiques, interdiſent aux Fidèles la liberté d'un culte juſqu'ici dominant, & qui, d'une main ſacrilége, renverſent les Autels au milieu de la célébration des myſtères. Enfin, ce ſont toujours les *ſans-culotte* qui aſſiègent les Tuileries, vomiſſent des menaces, des imprécations contre notre infortuné Monarque, & ſon héroïque Epouſe, & qui, malgré tous les efforts du Maire

---

(18) L'Abbé Maury eſt celui qui a vu plus ſouvent la mort de près. Enveloppé par cette multitude de bêtes féroces, au milieu de leurs hurlemens, il a ſu conſerver une contenance calme, qui les a toujours déſarmés. " Eh bien ! " leur diſoit il un jour, " & quand vous m'aurez mis à la " lanterne, en verrez-vous plus clair ? " Cet homme inconcevable a l'éloquence de Démoſthène, & l'âme d'un Céſar.

& du Commandant-général, l'ont consigné de nouveau dans sa prison royale, après l'avoir retenu sept quarts d'heures dans sa voiture (19). Je ne finirois pas, si je voulois vous raconter tous les services & les exploits de cette armée de trente mille brigands, dont les attentats sont si chèrement payés. Voilà les satellites & les phalanges avec lesquels le Club des Jacobins gouverne la capitale.

Quant aux Provinces, il les tient également sous sa dépendance, par la multitude de Clubs subalternes, qui reçoivent de lui la loi, & qui la donnent à leur tour aux corps administratifs, aux Municipalités, aux tribunaux. Dès qu'ils ont fait décréter une loi, les Jacobins l'adressent à leurs correspondans de provinces, munie de bonnes lettres de recommandation, pour qu'elle soit promptement & rigoureusement exécutée : ils y joignent une instruction sur les moyens qu'il convient d'employer suivant les circonstances.

---

(19) M. de Duras étant alors dans la voiture du Roi, entendit crier : " Le cochon est assez engraissé ; il est tems " de l'égorger."——Quelle absurdité ! quelle maladresse, en même temps de forcer le Roi à écrire aux Puissances étrangères, qu'il se trouvoit à son aise à Paris, deux jours après cette indigne arrestation !

C'eft par les clubs affiliés que l'on voit répéter à l'autre bout du royaume, les fcènes de violence & de fang qui fe paffent dans la capitale. C'eft par toutes ces trompettes que les confpirations dont on effraie le peuple de Paris, pour le tenir inceffamment en haleine, retentiffent dans les villes, au fond des camps, & y produifent les mêmes effets (20). C'eft par les mêmes organes que les menaces, les profcriptions, forgées au Club des Jacobins, fe propagent au dehors avec la rapidité de l'éclair, & roulent comme un tonnerre effrayant, fur le Clergé, fur la Nobleffe, dans toute l'étendue de l'Empire.

Il y a plus ; & ces extraits du Club Jacobite, ces révolutionnaires de province renchériffent toujours fur leurs maîtres. C'eft vraiment un fpectacle de pitié, de voir l'adminiftration du royaume livrée à des affociations fi méprifables. Les hommes ne s'y raffemblent que pour s'entretenir de calomnies, de délations, pour s'exciter

---

(20) Conçoit-on que le peuple de Paris reçoive encore avec avidité les nouvelles confpirations qui fe crient dans les rues ? Comment, après toutes celles dont on le fatigue depuis deux ans, ne voit-il pas enfin qu'on lui débite des chimères ? Mais l'ignorance des peuples eft un fond fur lequel les impofteurs peuvent travailler à plaifir, fans craindre de l'épuifer.

à la haine, à la vengeance, à l'irréligion ; tout y eſt dénoncé, propos, viſites, repas, une partie de plaiſir la plus innocente. Ils répandent parmi le peuple des villes & des campagnes, les journaux, les brochures les plus envenimées, les plus impies ; & ils s'oppoſent à la publication des écrits raiſonnables, faits pour éclairer la Nation ; ils en pourſuivent les auteurs, les diſtributeurs. Ils viſitent à leur gré les meſſageries, les malles ; violent le ſecret des lettres, s'emparent des paquets, & les brûlent impunément ſur les places publiques. Tous ces faits ſont notoires : vit-on jamais en France un deſpotiſme auſſi brutal, auſſi farouche ? Ils ſe ſont rendus les maîtres de toutes les élections ; ils éloignent des aſſemblées primaires les hommes honnêtes & paiſibles qui craindroient ou rougiroient de concourir avec eux (21) ; d'où réſulte que les Municipalités, les gardes nationales, les tribunaux, ſont compoſés à leur choix. Voilà, Monſieur, les idées les plus vraies que vous puiſſiez vous former de ces établiſſemens.

---

(21) Dans la ville que j'ai habitée quelque temps en province, il ſe trouvoit à peine cent citoyens actifs, ſur quinze cents, qui allaſſent donner leur ſuffrage. La proportion eſt à-peu-près la même dans Paris, & le reſte du royaume.

Repréfentez-vous donc le Club des Jacobins au milieu de trois cents clubs diftribués dans les provinces ; il eft le centre de toute la correfpondance, l'âme de tous les mouvemens, le chef de la Confédération, & véritablement le feul fouverain de l'Empire, puifqu'après avoir affervi le Roi & nos Repréfentans, par les moyens que j'ai détaillés, il enchaîne encore, à l'aide de fes affiliés, toutes les provinces du royaume.

Vous ne connoîtriez pas entièrement le génie du Club Jacobite, fi je ne vous racontois les mêmes moyens mis en œuvre par lui pour le fuccès de la Révolution ; c'eft à lui que nous devons le goût actuel des caricatures, qui ne produifent d'autre effet chez vous que d'amufer les paffans, parce qu'elles ne peignent que des ridicules, mais qui, chez nous, accoutument le peuple au fang, parce qu'elles repréfentent les grandes atrocités comme des exploits, comme des triomphes : c'eft lui qui fait circuler dans les villes & les campagnes, ces chanfons d'anthropophages, où la plaifanterie la plus groffière eft mêlée à la cruauté, & qui provoquent les actes les plus féroces fur le ton de la gaieté, du badinage : c'eft lui qui foudoie, ou, tout au moins, qui encourage de vils impofteurs, des écrivains fougueux, tels que Mercier, Gorfas, Cerutti,

Prudhomme,

Prudhomme, Defmoulins, Cara, Gara, Mara, &c. qui inonde & empoifonne les campagnes par des feuilles écrites dans le jargon villageois, pour prêcher la méfiance, la révolte, les affaffinats, l'impiété ; c'eft lui qui, interdifant au Roi toute action d'homme libre, le force d'en emprunter le langage vis-à-vis de fes fujets, & des Puiffances étrangères ; c'eft à lui qu'appartient, en grande partie, l'honneur de ces adreffes d'adhéfion, qui fe rédigent par les membres du Club, font enfuite envoyées aux correfpondans, qui, à leur tour, les font agréer à leurs Municipalités : c'eft au génie tranfcendant de certains Membres Jacobites, que l'on attribue l'invention de cette fcène pompeufement burlefque, de cette impudente & rifible parade, où des Savoyards, traveftis fous différens coftumes étrangers, arrivèrent des quatre coins de Paris, rendre gravement à l'Affemblée Nationale, l'hommage de tous les peuples de la terre (22) ; ce font encore les Jacobites qui,

---

(22) Un de ces ambaffadeurs Savoyards (c'étoit peut-être celui de la Chine) n'ayant pas reçu fon falaire, fe préfente au manége, trois ou quatre jours après la farce, demande à parler à M. de Liancourt, approche de la perfonne qu'on lui indique, & lui dit : " Monfieur, ce font mes " douze francs que je vous demande."—— " A moi, douze " francs ! & comment vous les dois-je ?"—— " Vous favez " bien, Monfieur, on a dit que c'étoit vous qui donniez de

après avoir confacré le parjure par un décret, mais faifant fans doute plus de fond fur la conf-cience d'autrui que fur la leur, n'ont pas rougi d'appuyer leur œuvre fur le ferment, de lui faire jurer obéiffance & fidélité par tous les citoyens actifs, par tous les fonctionnaires, par les foldats de l'armée, par les gardes nationales : ce font eux qui, pour exalter l'efprit du peuple, & lui perfuader que la Révolution eft le gage de fon bonheur, appellent au 14 Juillet les Députés de tous les pays, & mettent au même jour tout le royaume en mouvement, en réjouiffance, en rap-port avec la capitale. Impofante & fublime idée! fi le même jour, à la même heure, au même inftant, les citoyens de l'Empire, prenant le Ciel à témoin de la fincérité de leur cœur, s'enga-geoient à la fois à être bons, juftes, pieux, hofpi-

---

" l'argent : c'eft moi qui étois ambaffadeur."— " Ah ! je " vous comprends, mon ami : ne demanderiez-vous pas " M. de Liancourt ? Ce n'eft pas moi : je m'appelle " Biancourt ; allez à lui."

Auroit-on penfé qu'une Affemblée, qui fe dit nationale, pût s'avilir au point de recourir à une fi groffière impofture, pour repaître fa vanité ? Elle s'eft converte d'ignominie par une telle baffeffe. Il faut convenir que fe réduire à cette petiteffe de moyens, c'eft donner fa mefure, & fe montrer bien digne d'être encenfé par les admirateurs qu'on introduit devant foi.

taliers, charitables les uns envers les autres! C'eft alors' que, pour le bonheur du monde, je fouhaiterois que tous les peuples entraffent avec nous en confédération univerfelle. Mais n'eft-ce pas un facrilége, que de faire jurer par tout un peuple, à la face du Ciel, le maintien d'une Conftitution qui a converti le fchifme en religion nationale, la fpoliation des propriétés en droit, & tous les genres d'ufurpation en principe?

Il me refte à vous expliquer la marche qu'on a fuivie pour détruire la Religion Catholique en France. Dans une Affemblée où fiégeoient trente Evêques, & plus de 200 Eccléfiaftiques, le foin d'organifer l'Eglife fur un nouveau plan, a été abandonné à quelques Déiftes, & à quatre Avo-cats Janféniftes (23). Dès que leur travail a paru, les réclamations du Clergé fe font fait entendre. Au lieu de fe rendre à leurs obfervations, on a préféré de pouffer les chofes à la rigueur; on a décrété que tout fonctionnaire public jureroit obéiffance à la nouvelle Conftitution du Clergé, ou feroit cenfé avoir renoncé à fon pofte (24).

---

(23) Dans ce Comité anti-Catholique, il eft refté deux prêtres, dont je ne tiens pas compte, à raifon de leur igno-rance. Ils font aujourd'hui Evêques *par la Conftitution*.

(24) Mettez en oppofition la conduite toute récente de votre Parlement : pour abolir les loix pénales portées par

[44]

Oubliez pour un inſtant, Monſieur, que vous
êtes de la Religion Proteſtante. Suppoſez-vous
François, attaché à l'enſeignement Catholique.
Un des dogmes de cette Egliſe eſt, que les Evêques ſont établis juges de la foi, & que les
Fidèles doivent ſe ſoumettre aux déciſions de la
majorité des Eveques réunis au Saint Siége. Ils
ont dit unanimement que la foi étoit compro-
miſe; ils l'ont prouvé avec évidence: le Pape
a confirmé leur enſeignement. Mais les fiers
Républicains, abjurant tout principe de ſubor-
dination ſpirituelle, & ceignant la tiare, ont
répondu: " Non, la Foi n'eſt point bleſſée;
" jurez, ou retirez-vous."

Eliſabeth contre les Catholiques, il a cru néceſſaire de leur
demander un ſerment: mais il a été trop juſte, trop ſage,
pour exiger un ſerment contraire à leurs principes, & qu'ils
n'auroient jamais pu prêter. Il a écouté les obſervations des
Catholiques, il les a même demandées; & après avoir eſſayé
diverſes rédactions, il a fini par adopter une formule déjà
éprouvée, & conforme à leur croyance. L'Aſſemblée Nationale, au contraire, propoſe une formule anti-Catholique,
rejette avec dédain la réclamation des Evêques, ſeuls juges
en matière de dogme; & n'oſant pas néanmoins proclamer
hautement le ſchiſme qu'elle veut introduire, elle prend le
maſque de l'hypocriſie, pour perſuader au peuple qu'elle n'a
point voulu attaquer le dogme, ni renverſer la juriſdiction
ſpirituelle.

Le 4 Janvier étoit le jour fixé pour le ferment. On trembloit d'avance pour les Eccléfiaftiques qui refteroient fidèles à la Foi. En effet, on avoit invefti l'Affemblée par les phalanges ; elles rempliffoient la terraffe des Feuillans, pouffoient des hurlemens effroyables, & menaçoient de déchirer les prêtres réfractaires. On commence l'appel nominal : les Evêques, & la majorité des eccléfiaftiques, préférant la mort à l'apoftafie, jurent d'être fidèles à la Nation, à la Loi, au Roi, mais réfervent expreffément, dans la Conftitution eccléfiaftique, tous les objets fpirituels. Cette féance, où régna la terreur la plus farouche, fera mémorable & glorieufe à jamais pour l'Eglife Gallicane. (25)

Vous ne fauriez imaginer tous les moyens mis en ufage pour engager les eccléfiaftiques de France à prêter le ferment : intérêt, menaces, féduction, rien n'a été épargné. On a raffemblé

---

(25) Le Comte de Mirabeau rendit lui-même hommage à l'intrépide fermeté des Evêques & des Eccléfiaftiques. " Il " faut convenir," dit-il en fortant, " que tout l'honneur de " la féance eft pour eux." Quelque temps en fuite, il s'éleva dans le Club des Jacobins, contre l'acharnement que l'on y montroit à pourfuivre les prêtres du royaume. " Eh ! " Meffieurs," leur difoit-il, " ne tourmentons point leur " confcience. Nous avons leurs biens ; que nous importe le " refte ?"

tout ce qui se trouvoit à Paris de moines apostats, de prêtres interdits : on a fait plus, on a payé & reçu à la barre des gens du peuple, revêtus du costume ecclésiastique ; & l'on mandoit ensuite aux provinces, on imprimoit dans les journaux véridiques des Cara, Gara, Mara, que les sermens arrivoient en foule. On ajoutoit que le courier de Rome étoit de retour, que le Pape approuvoit tout (26), & on fabriquoit en effet des Bulles pour surprendre les simples.

Je termine ici, Monsieur, la triste & longue énumération des stratagèmes, des impostures, des attentats qui ont amené la Révolution. Je n'ai pu vous développer ce système d'iniquité, que successivement & pas à pas ; mais pour comprendre la rapidité de ses progrès, n'oubliez pas qu'il a été déployé tout-à-coup, & que tous les

---

(26) Un Député de Franche-Comté, entre autres, avoit séduit, par cette imposture, plusieurs Curés recommandables. La fraude reconnue, ils ont rétracté leur serment.

Le Département de Dijon a eu la gloire d'imaginer un autre expédient, qu'il croyoit immanquable pour multiplier les jureurs. Il a avisé de joindre la formule du serment à la quittance des paiemens, de manière que, pour toucher le traitement auquel on avoit droit, il falloit souscrire à la fois la quittance & le serment. J'ai ouï dire que ce caprice tyrannique avoit réduit bien des prêtres à la misère, & n'avoit point fait un apostat.

resorts, tous les moyens ont agi constamment, & presque à la fois, d'une extrémité du royaume à l'autre.

QUEL Empire eût résisté à tant d'efforts réunis pour sa perte ? Quel Trône n'eût pas été renversé par les attaques d'une multitude en furie, tenant d'une main les Droits de l'Homme, & de l'autre des poignards & des torches ? C'est en gémissant, c'est en versant des larmes, que je vais décrire l'image de ma Patrie, & vous marquer rapidement les traces sanglantes qui ont défiguré la plus belle contrée de la terre.

Est-il une pensée plus douloureuse pour un François, que de songer à ce que nous pouvions devenir, & à ce que nous sommes, & combien nos premières espérances se sont évanouies loin de nous ? Nous pouvions réparer le désordre de nos finances ; des économies faciles, des mesures douces suffisoient, comme le démontroit M. Necker, à l'ouverture des Etats, pour élever la recette au-dessus de la dépense, & la France au-dessus de toutes les Puissances de l'Europe. Nous pouvions sans effort, sans contradiction, supprimer les ordres arbitraires, assurer la liberté individuelle, donner de justes bornes à l'impôt, en surveiller l'emploi, fixer une répartition égale entre tous les citoyens : nous pouvions aggrandir notre commerce, en le rendant auſſi honorable qu'il eſt utile ; exciter l'induſtrie nationale, ranimer tous les bras, tous les atteliers ; entreprendre avec ſageſſe la réforme de nos loix civiles & criminelles ; appeler dans nos tribunaux des hommes éprouvés, recommandables par la gravité de leurs mœurs, par l'intégrité de leur conſcience, & l'étendue de leurs lumières : nous pouvions porter dans l'Egliſe une réforme ſalutaire ; donner à l'Armée de ſages ordonnances ; perfectionner dans nos provinces l'adminiſtration intérieure qui venoit d'y être établie, & dont nous commencions à ſentir les bienfaits, pour l'agriculture, la confection des routes, le ſoulagement des pauvres : & ouvrant enfin à tous les hommes la carrière des emplois & des honneurs, nous pouvions encourager tous les talens, élever toutes les âmes, & les diriger à l'envi vers l'amour de la gloire, de la patrie, de l'humanité, de la vertu. Voilà ce que nous avions recommandé à nos Repréſentans, ce que nous avions droit d'en attendre, ce qu'ils auroient exécuté ſans bouleverſement, ſi une philoſophie orgueilleuſe, une ambition turbulente, le mépris de la religion, l'abſence des principes, l'inexpérience du gouvernement, n'avoient précipité nos réformateurs dans les innovations les plus fatales.

Quont-

Qu'ont-ils fait ?— Ils ont perdu nos finances, ils ont envahi toutes les fortunes ; & le *déficit* a triplé dans leurs mains, & la banqueroute eft devenue leur dernière reffource.

Qu'ont-ils fait ?— A force de calomnies, de menaces, d'atrocités de toute efpèce, ils ont jeté la terreur parmi les Nobles, les riches, les hommes attachés à la Monarchie, à la Religion ; il les ont forcés d'abandonner leurs poffeffions au pillage, aux flammes, de chercher leur falut chez l'étranger, & de s'éloigner de leur patrie, comme on fort d'une maifon qui s'écroule, comme on fuit une terre qui tremble fous les pas, & qui menace de dévorer fes habitans.

Qu'ont-ils fait ?— Par le nouveau catéchifme des Droits de l'Homme, ils ont égaré une partie du peuple, qui les commente à fa guife fans les entendre ; ils ont déchaîné les méchans, en ont fait des bêtes féroces. Par un fyftême fuivi d'injuftices, d'artifices & d'hypocrifie, ils ont foulevé, indigné tous les hommes honnêtes, ils ont aigri leur caractère, au point qu'ils ne fauroient euxmêmes fe reconnoître aujourd'hui : ils ont obfcurci, dans l'efprit des peuples, les fimples idées du jufte & de l'injufte, en débitant de fauffes maximes, en donnant à la fpoliation des pro-

H

priétés les formes & l'apparence de l'équité, de la raison : en parlant sans cesse de la souveraineté de la Nation, ils s'en sont approprié l'exercice, & en ont dépouillé l'héritier de Charlemagne, de St. Louis, & de Henry IV.

Qu'ont-ils fait ?—Ils ont paralysé le commerce, déconcerté toutes les spéculations de l'industrie, ruiné nos manufactures, arrêté le mouvement des atteliers, chassé le numéraire, substitué à sa place un papier fondé sur le brigandage, décrédité au-dedans, méprisé au-dehors ; & à la suite de toutes ces calamités, ils se sont vus forcés de pourvoir, par des sommes immenses, à la subsistance des ouvriers dans la capitale & dans toutes les provinces. (27)

Qu'ont-ils fait ?— Ils ont étendu leurs décrets à nos Colonies, & aussi-tôt elles ont ressenti tous les fléaux de la mère patrie ; la révolte, les massacres, la guerre civile, les combats ont dépeuplé, ravagé ces malheureuses contrées.

---

(27) Il n'y a presque point de ville qui n'ait été autorisée, depuis deux ans, à faire des emprunts pour l'entretien des pauvres, qui se font multipliés par la cessation des travaux & du commerce. Ces énormes dépenses, inconnues avant l'Assemblée, sont certainement une des premières causes de la ruine totale de nos finances.

[51]

Qu'ont-ils fait ? Après avoir indignement volé
les Eccléfiaftiques, ils les ont chaffés de leurs
Eglifes : ils ont appelé, pour les remplacer, des
Prêtres de bas-aloi (28), & une nuée de Moines
échappés de leurs cloîtres, parjures à leurs vœux,
& méprifés même auparavant.   Les temples,
confacrés à l'adoration, au recueillement, au filence, ils les ont changés en théâtres d'affemblées
populaires, où retentiffent les clameurs de l'ivro-

---

(28) Je fais que les chefs du Club des Jacobins ont été
honteux de leurs nouveaux Evêques. "Que voulez-vous ?"
répondoient-ils aux reproches qu'on leur faifoit, " on n'a pu
" trouver mieux. Les Eccléfiaftiques les plus capables ont
" des préjugés qui les empêchent d'accepter ; un jour
" viendra où les choix feront meilleurs."

On a découvert que la révolte de Porentru avoit été conduite par le Sr. Gobet, qui, du Club des Jacobins, correfpon-
doit à Porentru avec fes parens, comblés, ainfi que lui, des
bontés du Prince de Bâle. Faifant au patriotifme le généreux
facrifice de la reconnoiffance, l'Evêque de Lydda vouloit
exercer le faint devoir de l'infurrection chez fon bienfaiéteur
& fon maître. Le projet étoit de lui ôter fa principauté,
& de le réduire à 12,000 liv. Ce fait eft notoire fur les
lieux, & en Suiffe. Or, cet homme qui, à Porentru, feroit
bien légalement condamné à expier, fur la roue, fa révolte
& fa monftrueufe ingratitude, vous le voyez, à Paris, élevé,
conftitutionnellement, fur le premier Siége de l'Eglife fchif-
matique de France. On inftruit, depuis quelque temps, une
procédure contre lui. Il a été fignifié.

H 2

gnerie, les imprécations de la haine, de la colère, où les autels ont été mille fois profanés par les actions les plus révoltantes (29), & souvent même souillés par des batailles, par de lâches affaffinats ; ils ont encore, méchamment & fans profit pour la Conftitution, introduit un fchifme qu'ils foutiennent par la perfécution, & qui n'a d'autre avantage que de troubler les confciences, & divifer les citoyens d'une même ville, les enfans d'une même famille.

Qu'ont-ils fait encore ?— Defcendez jufqu'au Trône ; contemplez le Monarque, qui, dans les temps de fa plus grande autorité, n'a pas commis une injuftice, qui a toujours aimé fon peuple, qui lui a rendu fes droits, qui a convoqué fes fujets autour de lui, comme un père s'environne de fes enfans. De tant de bienfaits qu'a-t-il recueilli ? Ils ont brifé le fceptre dans fes mains, ils ont mis fa couronne en pièces, ils fe font partagé fon autorité; ils ont calomnié fes difcours, fes penfées ; ils ont noirci fon augufte Epoufe, ils l'ont repréfentée comme la dernière des créa-

---

(29) La décence, le refpect pour la Religion empêchent de rapporter ici les ordures, les impiétés, les facriléges qui fe font commis & fe commettent tous les jours dans les Eglifes.

tures. Ils ont écarté tous leurs amis ; ils ne leur ont pas laissé une seule consolation : ils les tiennent en servitude ; ils les contraignent de souscrire à leurs volontés toute-puissantes, & de persécuter même leur propre famille. Ils les ont couverts du sang de leurs gardes fidèles ; ils les font outrager tous les jours par leurs brigands soudoyés : & pour leur enlever, s'il est possible, l'affection de tous les François, ils déchaînent contre eux d'exécrables Journalistes, qui semblent parvenus au dernier terme de la perversité humaine. "O Roi ! ô Reine infortunée ! que de " morts vous avez évitées ! Que de dangers vous " environnent encore ! Que d'afflictions amères " & profondes ont déchiré vos cœurs ! & com- " bien de dégoûts, d'humiliations, de douleurs " se sont appesantis sur vos têtes découronnées ! " Que votre grande âme ne vous abandonne " point ; que le Ciel, seul témoin, seul confident " de vos larmes, soutienne votre courage. Non, " les François ne sont pas changés sans retour : " on a pu les égarer ; ils seront encore à vous : " l'époque n'est peut-être pas éloignée, où, ra- " menés par leur propre détresse, ils retourneront " les yeux vers le Trône consolateur. Ils con- " noîtront alors par quelles noires calomnies on " les avoit aliénés de Vous. Ils tomberont à " vos pieds ; ils expieront les insultes, les ou-

" trages dont ils vous accablèrent tant qu'ils
" vous méconnurent, & vous goûterez alors la
" confolation de les pardonner, la douceur de
" les aimer, & de les rendre encore heureux."

Enfin, qu'ont-ils fait nos réformateurs ?— Ils
ont mis les peuples en fédition; les foldats, les
matelots, en révolte: ils leur ont infpiré la défiance, l'ingratitude, la déloyauté; ils les ont
follicité à des crimes: ils leur ont mis le fer &
le feu à la main contre leurs bienfaicteurs. Ils
ont partagé la Nation en bourreaux & en victimes; ils ont fait couler les pleurs & le fang;
ils ont jeté parmi nous des femences de diffentions & de guerres inteftines. Que vous dirai-je?
Pour vous raconter toutes les horreurs de la
Révolution, il faudroit que je puffe recueillir
l'hiftoire particulière des 44000 Municipalités.
Je fouhaiterai, non pas affurément pour tirer la
moindre vengeance (car les crimes, quand ils
font fi nombreux, font plutôt à pardonner, qu'à
punir), mais je fouhaiterois, pour le repentir de
mes concitoyens, & pour l'inftruction du monde,
que des hommes dignes de foi, choifis dans
chaque Municipalité, vinffent dépofer, dans l'Affemblée Nationale, le procès-verbal des crimes
dont ils ont été les témoins depuis la Révolution.
J'efpérerois que, confondus par la préfence de

tant d'injuſtices, de vexations, d'outrages, de perfidies, de déprédations, d'incendies, de maſſacres, de ſacriléges, nos Repréſentans frémiroient de leur propre ouvrage, l'arroſeroient de leurs larmes, & qu'en ſe reconnoiſſant malheureux & coupables, ils ſe frapperoient la poitrine (30) : que ſi, à la vue de cet amas monſ

---

(30) Voici une obſervation qui diminue le degré de malice & de méchanceté que l'on reproche aux Révolutionnaires : c'eſt qu'en vérité ils paroiſſent atteints d'un eſprit de frénéſie, d'une ſorte de fièvre qui agite leur cerveau, & leur ôte la faculté de réfléchir avec ſageſſe. Allez à Paris, dans les provinces, dans l'Aſſemblée Nationale, dans les Clubs, vous entendrez leurs cris, vous verrez leurs geſtes extravagans, déſordonnés. Liſez Mercier, Cara, Mara, &c. ces gens-là ne ſont-ils pas dans un tranſport perpétuel ? Quels ſont les caractères de la raiſon ? Quels ſont les ſymptômes de la démence ? La raiſon eſt froide, calme, pacifique ; elle diſcute tranquillement, elle écoute avec patience, parce qu'elle eſt toujours de bonne foi. La démence au contraire eſt vive, fougueuſe, violente ; elle s'irrite au moindre obſtacle ; elle bruſque les délibérations : elle applaudit les partis les plus extrêmes. La définir, c'eſt peindre trait pour trait nos Révolutionnaires.

Laiſſons tomber cette efferveſcence ; eſpérons que bientôt les têtes Françoiſes ſe calmeront : en attendant, il faut les plaindre, les ménager. Peut-être ai-je tort de préſenter ces réflexions, toutes juſtes qu'elles me paroiſſent ; car les maniaques n'aiment pas à s'entendre dire qu'ils ſont foux.

trueux de forfaits, ils demeuroient encore in-
fenfibles & froids, du moins il en fortiroit une
terrible & falutaire leçon pour les Nations
épouvantées.

J'ai quelquefois entendu, parmi vous, les
apôtres de la Démocratie, les difciples de notre
Révolution, annoncer " que la France marchoit
" aux plus grandes deftinées, & que fa profpé-
" rité étoit affurée pour l'avenir." L'avenir !
Mais y pouvez-vous lire ? Lequel eft le plus
raifonnable, à votre avis, de juger, ou par ce qui
fe paffe fous nos yeux, ou par des conjectures fur
une époque voilée à nos regards ? Le mal couvre
la France ; je le vois, je le fens : vous n'en dif-
convenez pas. Mais vous me promettez des
fuites heureufes ; montrez-moi donc, en même
temps, pour me perfuader, l'infaillibilité de votre
jugement. De quel droit, à quel titre m'aban-
donnerai-je à vos flatteufes prophéties ? Quant à
moi, le mal me paroît d'une nature incurable,
parce qu'il eft effentiellement lié à la Conftitution ;
& je compare les promeffes que vous me faites à
celles que vous propoferiez à un malade, livré
entre les mains des empyriques, & auquel vous
diriez, pour l'encourager à fupporter les douleurs
que lui donneroient leurs drogues empoifonnées :
" Cela va bien ; les remèdes opèrent : le mieux

" fe

[57]

" se fera bientôt sentir." Ne voilà-t-il pas une consolation bien administrée, si, en attendant le retour promis à sa santé, le malheureux expire en se débattant dans les convulsions de la mort?

L'avenir!—Mais lorsque la loi sacrée de la possession a été méprisée, les propriétés envahies, les spoliations réduites en système; lorsque l'on prétend associer à une grande Monarchie l'égalité républicaine; lorsqu'après avoir reconnu la nécessité de la sanction, de l'acceptation *libre* du Roi, on le tient en servitude pour lui arracher l'une & l'autre, au milieu des hurlemens & sous le poignard des assassins (31); lorsque rejetant cette balance de pouvoirs si sagement fixée dans l'organisation de votre Parlement, on ne veut

---

(31) En forçant Louis XVI de souscrire, dans sa prison, à l'avilissement de sa Couronne, en lui enlevant les grâces, les récompenses qu'il avoit entre les mains, en le mettant dans l'impuissance d'assurer l'exécution des loix, dans un royaume de 25 millions d'habitans, ils ont rendu les Rois de France les ennemis nécessaires de la Constitution, les plus intéressés à la détruire. L'Assemblée Nationale a traité Louis XVI plus indignement encore, que les Etats de Suède n'avoient traité leur Monarque en 1756. On connoît les troubles qui, depuis cette époque, ont continué d'agiter la Suède, jusqu'à ce qu'en 1772 Gustave III resaisit les rênes de l'Empire par une Révolution qui a immortalisé son génie, & rendu le repos & le bonheur à ses sujets.

I

admettre qu'une feule Chambre, facile à fe laiffer entraîner, foit par d'éloquens orateurs, foit par des factieux entreprenans, difpofée à ufurper la fouveraineté entière, fans trouver d'obftacles à fon ambition, & jaloufe d'exercer tous les pouvoirs, à l'exemple de l'Affemblée actuelle; lorfque enfin la Foi de nos pères eft attaquée par la Conftitution même, & que nos Légiflateurs proclament folemnellement un fchifme inutile, mais dont l'effet inévitable eft de maintenir une incompatibilité, une fciffion éternelle entre tous les François; quel augure favorable, quelle efpérance voulez-vous que je conçoive?   Que puis-je prévoir pour les générations futures, finon des troubles, des guerres, des révolutions? (32)

---

(32) Il n'eft de reffource pour la France que dans un changement de Conftitution. Je fuis convaincu que ce changement eft univerfellement défiré : j'excepte ce qu'on appelle les *Enragés* des Clubs & de la Propagande ; mais je fuis perfuadé qu'en retenant quelques avantages obtenus, le peuple feroit volontiers bon marché du refte. Croit-on qu'il fe réjouiffe beaucoup de voir la Monarchie détruite, le Roi humilié, dans les fers ? Croit-on qu'il approuve le vol, la fuppreffion des Eglifes ; qu'il foit fort aife de payer de nouveaux impôts pour les prêtres, pour les pauvres, pour l'entretien du culte ; qu'il applaudiffe au renverfement de la Religion de fes pères, à la perfécution contre les Evèques, les Curés, qu'il honoroit ? Croit-on, fans parler ici des claffes fupérieures de la fociété, que les employés de finances foient ravis de fe trouver fans état, les fabricans fans com-

L'avenir ! — Mais où voyez-vous donc les gages de notre prospérité future ? Quels font

merce, les marchands fans pratique, les ouvriers fans ouvrage ? &c. &c.

S'il eſt ainſi, direz-vous, que ne font-ils entendre leurs réclamations ? Pourquoi fouffrent-ils ce qu'ils peuvent empêcher ?—— Mais pour être plus nombreux, il ne s'enſuit pas que les mécontens foient les plus forts. Ils font ifolés, ils ne s'entendent pas ; ils gémiffent en fecret ; ils favent que la nature humaine ne comporte pas une conſtance éternelle dans la perverfité, dans l'injuſtice : ils efpèrent que la fermentation n'aura qu'un temps; & qu'apiès de ſi violentes fecouffes, les efprits fe calmeront. Ils attendent patiemment cette époque ; ils l'accélèrent par leurs vœux, par la fageffe de leurs difcours & de leur conduite. Tel a toujours été le caractère des hommes modérés, vertueux, pacifiques. Au contraire, c'eſt toujours par les méchans que les révolutions s'opèrent : ils font actifs, entreprenans, audacieux ; ils fe rallient, ils concertent leurs mefures; ils intriguent, ils cabalent, ils échauffent : impoſtures, calomnies, vexations, cruauté, rien ne les arrête.

Rappelez-vous votre Long Parlement ; n'étoit-il pas univerfellement improuvé ? N'infpiroit-il pas une juſte horreur à l'Angleterre prefque entière ? Et cependant il la contint dans le filence par les armes, tandis qu'il prononçoit la fentence qui fit monter Charles I fur l'échafaut.

Nos Corps adminiſtratifs, & fur-tout nos Clubs, foutenus des gardes nationales, & de quelques régimens indifciplinés, fuffifent, maintenant, pour étouffer les plaintes : mais s'il venoit à s'élever un nouveau *Monk* en France, foyez fûr qu'il obtiendroit le même fuccès qu'en Angleterre.

donc ces Décrets qui doivent faire germer le bonheur parmi nous, & aggrandir nos deſtinées avec notre fortune ? Je cherche le bien que l'Aſſemblée Nationale nous a fait, & je le réduis, avec M. l'Abbé Raynal, aux Décrets qui ont aſſuré la liberté individuelle, établi la néceſſité du conſentement du peuple pour l'établiſſement de l'impôt, & la contribution proportionnelle entre tous les citoyens, ſans diſtinction quelconque (33). Mais ces diſpoſitions juſtes & raiſonnables ſont-elles même l'ouvrage de l'Aſſemblée ? Dois-je lui en faire honneur ? N'avoient-elles point été demandées par la Nation réunie dans les Bailliages ? Les Parlemens ne les avoient-ils point réclamées avec énergie ? Le Roi ne les avoit-il pas reconnues lui-même avant la convocation ? Ne les avoit-il pas garanties dans ſa Déclaration du 23 Juin 1789, antérieurement aux Décrets de l'Aſſemblée ? Quoi ! pour atteindre un bien facile, promis à tous les vœux, falloit-il nous faire traverſer au milieu des brigandages, des incendies, des maſſacres ? Falloit-il, lorſque nul obſtacle ne ſe montroit, ſoulever la Nation, bouleverſer le royaume, & renverſer le trône ?

---

(33) Voyez la ſuperbe Adreſſe de M. l'Abbé Raynal à l'Aſſemblée Nationale, ſous la dernière Préſidence de M. Bureau de Puſy.

Eſt-ce enfin par les impoſtures, par la corruption,
par la miſère, que l'on conduit les hommes à la
liberté, à la vertu, au bonheur ?

"Vous regrettez donc le deſpotiſme," me dira-
t-on, " vous voudriez donc y revenir encore ?"
Non, je ne regrette point le deſpotiſme ; non, je
ne veux point y revenir.   Si cependant il falloit
opter entre l'ancien ordre, & celui qu'on établit
à ſa place, ſans doute je préférerois l'ancien. Car
un Roi, fût-il pervers, vaut mieux que cent
mille tyrans ſubalternes, qui exercent un deſpotiſme fatigant dans ſes détails, inſupportable dans
ſes excès ; qui empoiſonnent le peuple, & ſont
toujours prêts à lui faire égorger l'innocent. Mais
je crois que c'eſt entre les abus de l'ancien régime,
& les horreurs de celui-ci, que nous devons nous
placer. J'eſpère que ſi mes citoyens veulent enfin
conſulter la juſtice, & leur intérêt, nous pourrons
obtenir une Conſtitution ſage, équitable, & trouver la liberté, le bonheur dans l'obſervation commune de la loi. J'eſpère, qu'auſſi heureux que
vous l'avez été vous-mêmes, il ſortira de nos
déſordres, & de notre anarchie, un gouvernement
raiſonnable. Dites-moi, je vous prie, ceux qui
abhorrèrent votre Long Parlement, & ſes impoſtures, & ſes calomnies, & ſes proſcriptions, &
l'autorité qu'il avoit envahie, & les fureurs qu'il

exerçoit contre les Royaliftes, & les fauffes con-
jurations dont il effrayoit le peuple, pour le
rendre féroce, & l'armée de brigands qu'il mit
en marche pour arracher Charles I de fon châ-
teau de Hampton-Court, & l'emmener prifonnier
au Palais de *White-Hall* (34), ceux-là, à votre
avis, étoient-ils de mauvais citoyens ? Regret-
toient-ils le defpotifme, ou cherchoient-ils à s'en
affranchir ?

Un homme juftement célèbre par fes talens
oratoires & politiques, a dit, dans le fein des
Communes (& fon autorité a du poids fur un
grand nombre), que la Révolution de France lui
paroiffoit le plus mémorable de tous les événemens confervés dans les annales de l'hiftoire.
Je fuis entièrement de fon avis, s'il a voulu dire
que jamais des plans de deftruction & d'injuftice
ne furent plus rapidement conçus, accueillis,
exécutés ; jamais tant de puiffances abattues à
la fois, jamais tant de crimes moins provoqués,
jamais tant de forfaits confommés en fi peu de
temps, & avec fi peu de réfiftance. Ces grandes,
ces terribles cataftrophes me confternent, mais ne
m'étonnent point. Ce font des effets néceffaires

---

(34) Je n'ai jamais apperçu *White-Hall*, fans fonger avec
effroi aux Tuileries.

dans les circonſtances où elles ont éclaté. A la tête d'un peuple immenſe & ſans mœurs, placez des hommes de talens & ſans principes, & vous verrez les mêmes ſcènes ſe renouveler : bientôt les chefs flatteront la multitude, pour gagner ſa confiance ; ils ſémeront enſuite l'épouvante, pour lui mettre les armes à la main : & alors tout s'abaiſſera devant leur orgueilleuſe autorité ; tout tombera ſous les aveugles & terribles fureurs du peuple. Telle, & plus étonnante encore, fut autrefois la Révolution produite par un ſeul homme, par ce Prophète impoſteur, qui, parvenu à communiquer un eſprit de frénéſie, parcourut la terre à la tête de ſes fanatiques agens, & fit courber les Nations ſous ſes pieds, dans le ſilence & l'adoration, par la force irréſiſtible de cet argument : *Crois, ou meurs.*

Je rends hommage aux talens de M. Fox, à ſa rapide & brillante éloquence : les larmes qui, dans ſes derniers débats, ont trois fois interrompu ſon diſcours, recommandent à tous les cœurs la ſenſibilité de ſon âme, & honorent en même temps celui qui les faiſoit couler. Mais qu'il me permette de lui dire qu'il n'a point obtenu, ſur la Révolution de France, des inſtructions auſſi ſures, auſſi exactes que ſon ancien ami, qu'il appelle ſon maître. J'oſe lui demander ſi, après avoir lu ce que je viens d'expofer foiblement, mais du moins avec fidélité, il rediroit encore que la Révolution de France eft la plus belle, la plus glorieufe de celles dont l'hiftoire faffe mention. J'ofe lui demander s'il eft une créature honnête, amie de la juftice & de l'humanité, de quelque pays, de quelque profeffion qu'elle foit, qui puiffe applaudir aux moyens qui ont opéré notre Révolution, & aux effets qu'elle a produits dans le Royaume.

J'ai lu l'éloquent Orateur, le favant politique, fi long-temps admiré chez vous par le parti qui s'acharne aujourd'hui à le déprifer. Ce qu'il raconte, s'eft paffé fous mes yeux. Je me fuis trouvé placé au milieu des mouvemens ; j'en ai connu les principaux refforts. J'attefte la vérité des faits rapportés par M. Burke. La peinture qu'il retrace des horreurs des 5 & 6 Octobre, répond à la réalité dont j'ai été le trifte témoin ; le jugement qu'il porte des auteurs de nos troubles, eft conforme à l'opinion qu'en a dû prendre tout obfervateur préfent & impartial (35). Se

peut-il

---

(35) Non, M. Burke n'a point calomnié l'Affemblée Nationale. Pour en dire beaucoup de mal, il lui a fuffi d'être vrai. J'ai connu des hommes qui, dans leur enthoufiafme pour la Révolution, ont quitté leurs provinces pour venir

peut-il qu'il foit devenu en but aux infultes, aux outrages de fes anciens admirateurs, lorfque défendant les principes d'une liberté fage, fondée fur l'obfervation de loix équitables, il s'élève, avec l'énergie qui le caractérife, contre l'extravagance de notre Conftitution, contre les crimes de l'anarchie, le brigandage, & les complots de nos réformateurs ? Se peut-il, qu'au fein d'une Nation libre & éclairée, il fe rencontre une fociété d'hommes, qui fe plaifent à préconifer nos inftitutions, qui s'efforcent de répandre, parmi leurs concitoyens, nos maximes de diffentions & de révolte, & d'appeler ainfi fur leur patrie, tous les défaftres de la nôtre ? Se peut-il qu'ils s'apprêtent à célébrer notre Révolution par une fête éclatante, & à mêler leurs applaudiffemens aux

---

admirer de près le Sénat augufte, qu'ils ne connoiffoient que par les journaux. Ils ont affifté aux féances, & font repartis, le cœur flétri, l'âme indignée de ce qu'ils avoient vu, de ce qu'ils avoient entendu. Ils font aujourd'hui les ennemis les plus déclarés de l'Affemblée. Plufieurs Députés à la Fédération générale en ont remporté les mêmes fentimens. Quel homme raifonnable en effet pourroit foutenir le fpectacle habituel d'un attroupement de forcenés, qui exhalent leur fureur par des geftes menaçans, par des injures les plus groffières, & qui hurlent des loix avec tous les cris de la rage ?— M. le Comte de Mirabeau convenoit qu'il en étoit des décrets, comme de la cuifine ; qu'il ne faut pas voir faire, fi on veut la trouver bonne.

K

joies infenfées du Champ de Mars, comme s'ils
vouloient entrer en fociété de nos Révolutionnaires, en complicité de leurs forfaits ? Mais
qu'ils fongent, je les en fupplie, aux calomnies,
aux impoftures, au brigandage, aux incendies,
aux affaffinats, qui ont fervi de bafes & d'appuis
à notre Réyolution : qu'ils fongent à la multitude
de tyrans qui couvrent la France, aux vexations,
aux injuftices, qui fe multiplient chaque jour
dans nos 83 Départemens, nos 55 Diftricts, dans
nos 44,000 Municipalités : qu'ils fongent à nos
atteliers abandonnés, à la multitude des ouvriers
fans reffources & fans pain, à notre commerce
anéanti, à nos Colonies enfanglantées, à la banqueroute qui s'effectue pas à pas, & qui nous menace
d'une fubverfion totale : qu'ils fongent à deux
cents mille eccléfiaftiques indignement dépouil-
lés, dévoués à la perfécution, à la misère : qu'ils
fongent à trois cents mille individus, obligés de
s'expatrier pour fe dérober à des fureurs non
méritées : qu'ils fongent aux troubles, aux haines,
aux diffentions domeftiques qui agitent nos villes
& nos campagnes ; aux victimes, plus multipliées
qu'on ne penfe, qui ont été fucceffivement égor-
gées dans les différentes provinces de l'Empire :
qu'ils fongent à nos Temples profanés par mille
actions révoltantes, commifes dans les affemblées
populaires qui s'y tiennent fréquemment ; à l'ir-

réligion propagée jufqu'aux hameaux les plus reculés, au mépris de la juftice, de l'humanité, à l'oubli des premiers principes de la loi naturelle.... Que s'ils me répondent que ces maux ne font en effet que trop réels, mais qu'ils étoient inévitables ; qu'ils feront paffagers, & qu'à leur fuite on verra la profpérité publique éclore, & la majefté de l'Empire s'aggrandir & s'étendre avec une liberté épurée : " Réfervez donc," leur dirai-je à mon tour, " réfervez vos témoignages " de réjouiffances à l'époque glorieufe que vous " m'annoncez. Mais quand les maux font au " comble, quand le bien n'eft que dans l'efpé- " rance, quand l'avenir eft douteux & certaine- " ment éloigné, n'eft-ce pas intervertir l'ordre " des événemens, que d'attacher à un fiècle de " calamités, les trophées deftinés au temps du " bonheur ? Mais au milieu des gémiffemens " & des ruines, pouvez-vous fonger à vous cou- " ronner de fleurs ? Mais lorfque le deuil eft " fur la France ; lorfque le fang fume, & qu'il " en refte peut-être encore des flots à verfer ; " font-ce des fêtes, ou des larmes, que vous avez " à nous donner ?

" Laiffez à nos Révolutionnaires le foin de " célébrer leur propre ouvrage ; laiffez-les faire " parade de leurs innovations, élever des arcs de

" triomphe fur leur paſſage, ériger des trophées
" éphémères à leurs immortels Décrets. **Ne**
" voyez-vous pas qu'ils ont beſoin de frapper les
" ſens du vulgaire, d'exalter ſon imagination,
" & de lui faire croire qu'apparemment la Ré-
" volution eſt heureuſe, puiſque l'on accourt de
" tous les points de l'Empire pour en ſolemniſer
" l'époque ? Car la multitude ne réfléchit point
" aſſez pour comprendre que ſi la Conſtitution
" étoit fondée ſur des principes de raiſon &
" d'équité, elle ſe ſoutiendroit, par ſa propre
" force, ſur ces baſes éternelles, & qu'il ſeroit
" inutile de l'étayer par des illuſions menſon-
" gères, par des repréſentations pompeuſes &
" théâtrales. Mais vous, Meſſieurs, qui n'avez
" pas les mêmes motifs, vous qui n'avez point
" de crimes à vous faire pardonner, ni de boule-
" verſement à faire réuſſir, quel motif vous
" engage à célébrer la Révolution de France ?
" Vous dites : Une Révolution qui affranchit
" 25 millions d'hommes du joug de la tyrannie,
" doit être applaudie par les amis de l'humanité.
" Mais une Révolution qui briſe tous les reſſorts
" de la ſociété, & plonge 25 millions d'habitans
" dans tous les maux de l'anarchie, ne réclame-
" t-elle pas, à meilleur droit, les larmes des amis
" de l'humanité ? Prenez-y garde : votre paſſion
" pour la liberté exagère à vos yeux les abus de

« ce que vous appelez notre ancien defpotifme.
« Ils étoient grands, fans doute, & le temps étoit
« venu d'y porter remède. Mais on fe plaît
« aujourd'hui à en charger le tableau, pour jufti-
« fier des abus mille fois plus déplorables encore.
« Nos impôts étoient onéreux, mais beaucoup
« moins que les vôtres. Ils avoient ceffé d'être
« confentis par les Etats-généraux ; mais avant
« de les convoquer, le Roi avoit de lui-même
« reconnu le droit de la Nation. Vous avez vu
« frapper quelquefois des coups d'autorité ; vous
« avez vu quelques Miniftres abufer indignement
« de leur pouvoir ; mais enfin vous comptez
« leurs victimes ; celles de la Révolution font
« innombrables. L'Affemblée Nationale en a
« plus fait dans deux ans, que les Rois & leurs
« Miniftres dans plufieurs fiècles. Vous parlez
« de notre ancien efclavage ; & nous l'avons
« changé pour la licence ! Vous parlez de l'au-
« torité royale : elle étoit paternelle pour nous ;
« & en la perdant, nous fommes tombés dans
« le plus effréné defpotifme : defpotifme de l'Af-
« femblée Nationale ; defpotifme du Club des
« Jacobins, & de fes trois cents affiliés ; defpo-
« tifme des municipalités ; defpotifme des dif-
« tricts, des départemens, des gardes nationales.
« Tout ce qui ne tient à aucun de ces corps,
« gémit fous le joug, & fous la plus intolérable
« inquifition.

" Dans les temps de notre Monarchie, vous
" avez vu fleurir parmi nous les fciences & les
" arts ; vous avez vu des armées impofantes, &
" fouvent victorieufes : la circulation du numé-
" raire, l'activité du commerce, la richeffe de
" nos Colonies, entretenoient l'abondance & la
" vie dans l'Empire : l'urbanité, la douceur, la
" gaieté des François, attiroient & fixoient au
" milieu d'eux, les étrangers de toutes les parties
" de l'Europe. Que les temps font changés ! le
" commerce anéanti, le numéraire difparu, les
" manufactures, les atteliers fans mouvement,
" l'infubordination dans l'armée, une défiance
" générale répandue entre les citoyens, des exé-
" cutions illégales & fanglantes, des cruautés
" qui outragent la nature & déshonorent le ca-
" ractère nationale : tant de malheurs ont enfin
" étendu fur la France un lugubre nuage ; & ce
" royaume, autrefois fi floriffant, n'offre plus au-
" jourd'hui que l'appareil des armes, l'inquiétude
" de fes habitans, & l'image défolante du défordre.

" Ne penfez pas qu'à la diftance où vous êtes
" placés, vous puiffiez vous former des idées
" exactes de notre Révolution, par la lecture de
" quelques journaliftes foudoyés, ou par les récits
" atténués de quelques Anglois électrifés dans
" les Clubs de notre capitale, & dont l'efprit

« exalté, ou la jeuneſſe bouillante, irréfléchie,
« adopte trop vivement ce qui paroît avoir
« un caractère de liberté & d'indépendance.
« Franchiſſez vous-mêmes l'intervalle qui vous
« ſépare ; allez contempler notre Aſſemblée
« Nationale : parcourez enſuite nos provinces ;
« interrogez, non pas des Clubiſtes, mais les
« habitans paiſibles. S'ils vous diſoient les haines,
« les injuſtices, les vexations qui s'exercent; ſi
« vous obſerviez de près l'effroi, la conſternation
« des hommes honnêtes de toutes les claſſes,
« l'acharnement & le pouvoir des méchans,
« l'affligeant ſpectacle de la miſère qui ſe ren-
« contre à chaque pas, je ſuis bien ſûr que vous
« reſſentiriez une atteinte profonde de triſteſſe ;
« je ſuis bien ſûr que vous fuiriez, en gémiſſant,
« une terre malheureuſe & flétrie ; je ſuis ſûr
« que, de retour en Angleterre, vous vous atta-
« cheriez davantage à votre Conſtitution ; &
« que, loin de préparer des fêtes pour célébrer la
« nôtre, vous ne parleriez de nos calamités que
« pour les écarter à jamais de vos concitoyens.

« Pardonnez ce mouvement échappé à ma
« ſenſibilité. Quand je vois ma Patrie dans les
« convulſions, quand je reſſens toutes les plaies
« qui la tuent, il m'eſt impoſſible d'apprendre
« avec indifférence que nos ſcènes tragiques &

« fanglantes vont être travefties, parmi vous,
« en des fcènes d'allégreffe & de triomphe.
« Ce contrafte, je l'avoue, eft hideux à ma pen-
« fée, & déchirant à mon cœur. Ne croyez pas,
« cependant, qu'en blâmant vos projets de ré-
« jouiffance, je veuille offenfer votre humanité.
« Je ferois peiné que vous puffiez m'en foup-
« çonner. Je ne veux que vous apprendre nos
« malheurs. Vous les expofer, c'eft vous avertir
« de prendre garde de les attirer imprudemment
« fur vous-mêmes. Je m'alarme pour vous,
« quand je fonge que, dans un attroupement
« confidérable, la difcorde peut accourir fubite-
« ment pour mêler le trouble, & allumer dans
« vos foyers une révolution que je regarde
« comme le plus terrible fléau de la vengeance
« divine. En vous parlant ce langage, j'ai cru
« remplir un devoir de reconnoiffance pour la
« fûreté, la bienveillance, que j'ai trouvées parmi
« vous. Daigne le Ciel maintenir la concorde
« & la paix fur une terre hofpitalière ! »

Je termine cette longue digreffion avec ma
Lettre. Je vous avois promis, Monfieur, de vous
préfenter, dans un tableau raccourci, les moyens
qui ont opéré la Révolution, & de marquer à
leur fuite les effets qu'ils ont produits dans l'Empire. J'ai expofé les faits, tels que je les ai ob-

fervés

fervés à leur fource, & tels qu'ils ont éclaté dans le monde. Quant aux affections que j'ai reffenties, & que je ne vous ai point déguifées, c'eft à vous de juger fi elles font exagérées.

Je n'admets point toutes les opinions des Ariftocrates. Je rejette les principes des Démagogues ; je détefte leur conduite politique. Je tiens à la Religion de mes pères. J'aime mon Roi. Je défire le bonheur de tous mes concitoyens ; que ne puis-je le ramener au milieu d'eux ! Je l'acheterois avec joie, au prix de tout mon fang. Je voudrois qu'il ne fallût qu'une victime, & que j'obtinffe d'être accepté. Heureux ! fi mes yeux, avant de s'éteindre, voyoient difparoître les haines, les diffentions, les vengeances, & fi mon dernier regard appercevoit fur ma Patrie l'aurore de la paix, & de la félicité publique !

F I N.

A LA
BIBLIOTHÈQUE CIRCULANTE
DE
M. HOOKHAM,

N° 15, Old Bond-Street, vis-à-vis de Stafford-Street,

Les Souscripteurs jouissent de plus d'avantages qu'on n'en trouvera dans quelque autre Bibliothèque que ce soit, & plus particulièrement les personnes qui résident à la campagne ; car, outre qu'on peut avoir recours à la très-grande Collection de Livres Italiens, François, & Anglois, déjà existante chez le Sieur Hookham, les Souscripteurs, pour Trois Guinées par an, reçoivent tous les Pamphlets, & Livres nouveaux, aussi-tôt qu'ils sont publiés. Le nombre de livres qu'on peut avoir à la fois, est douze pour les personnes qui résident en ville, & vingt-quatre pour celles qui résident à la campagne : & le Sieur Hookham se procurera tous les livres en-quarto, en-octavo, & en-douze, qui ne se trouvent pas encore dans son Catalogue. A ceux qui paient Deux Guinées par an, le nombre, pour la ville, est de huit, & de Seize pour la campagne : à ceux qui paient Une Guinée & Demie, six pour la ville, & douze pour la campagne : à ceux qui ne paient qu'Une Guinée, quatre pour la ville, & huit pour la campagne.

9 782329 696485